REINVENTE a liderança e INSPIRE sua equipe

O LÍDER EM TRANSFORMAÇÃO

REINVENTE a liderança e INSPIRE sua equipe

O LÍDER EM TRANSFORMAÇÃO

Os aprendizados frente aos novos desafios da economia digital

DANIEL MARTIN ELY
Executivo e Mestre em Estratégias Organizacionais

ALTA BOOKS
GRUPO EDITORIAL
Rio de Janeiro, 2024

O Líder em Transformação

ISBN: 978-85-508-2317-1

Impresso no Brasil — 1ª Edição, 2024 — Edição revisada conforme o Acordo Ortográfico da Língua Portuguesa de 2009.

Dados Internacionais de Catalogação na Publicação (CIP)
(Câmara Brasileira do Livro, SP, Brasil)

Ely, Daniel
O líder em transformação / Daniel Ely. -- 1. ed.
-- Rio de Janeiro : Alta Books, 2024.

ISBN 978-85-508-2317-1

1. Administração 2. Inovação tecnológica
3. Liderança 4. Organizações - Administração
I. Título.

24-196684 CDD-658.4092

Índices para catálogo sistemático:

1. Liderança : Administração 658.4092

Eliane de Freitas Leite - Bibliotecária - CRB 8/8415

Grupo Editorial Alta Books

Produção Editorial: Grupo Editorial Alta Books
Diretor Editorial: Anderson Vieira
Editor da Obra: J. A. Ruggeri
Vendas Governamentais: Cristiane Mutüs
Gerência Comercial: Claudio Lima
Gerência Marketing: Andréa Guatiello

Assistente Editorial: Ana Clara Tambasco
Revisão: Caroline Giglielmi e Paulo H. Aragão
Diagramação: Natalia Curupana
Capa: Paulo Gomes
Texto e Entrevistas: Arlete Lorini

ALTA BOOKS
GRUPO EDITORIAL

Rua Viúva Cláudio, 291 — Bairro Industrial do Jacaré
CEP: 20.970-031 — Rio de Janeiro (RJ)
Tels.: (21) 3278-8069 / 3278-8419
www.altabooks.com.br — altabooks@altabooks.com.br
Ouvidoria: ouvidoria@altabooks.com.br

Editora
afiliada à:

Esta minha jornada transformadora não teria sido possível sem o apoio e o amor incondicional da Raquel, minha esposa, e dos meus filhos, Gabriel, Samuel e, em especial, Sophia.

Foi o diagnóstico de autismo, da nossa pequena gigante Sophia, que me fortaleceu ainda mais para navegar em mares incógnitos, sem temer os novos desafios. É o meu amor por ela que me faz querer aprender e reaprender todos os dias para alcançá-la. Como a Raquel sempre reforça, a comunicação é o princípio para se criar vínculos, e nenhum pai se contenta em não estabelecer relações de afeto, de amor e de reciprocidade com seu filho. Conquistar o afeto de um autista e fazer com que ele o externalize é bastante desafiador. Por isso, é absolutamente gratificante quando se consegue, e não há como traduzir essa conquista em palavras.

Sophia, você é a minha fonte de inspiração diária, assim como o Gabriel e o Samuel, irmãos e filhos dedicados, seres humanos incríveis. Graças a vocês, sou uma pessoa melhor e me sinto um pai privilegiado.

Expressar toda a minha gratidão à Raquel exigiria um livro à parte. É a companheira de uma vida, que me acolhe, me ensina e me surpreende diariamente. Foi o seu singelo movimento, que começou dentro da nossa casa, agregando voluntariamente pessoas em torno da causa comum, o autismo, que trouxe inspiração para a minha jornada. Tal iniciativa se mostrou muito poderosa e fez eu me dar conta que isso poderia acontecer com a causa da inovação e a da transformação para o mundo digital.

A você, Raquel, a minha mais profunda admiração e o meu amor incondicional!

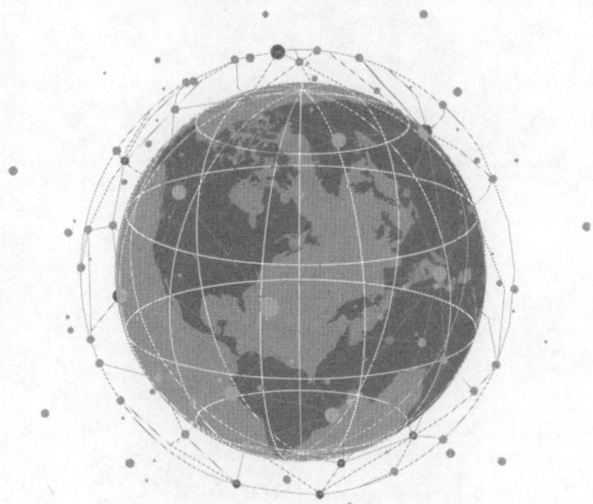

SUMÁRIO

Prólogo
QUEM É O LÍDER EM TRANSFORMAÇÃO 11

DEPOIMENTOS **13**

AGRADECIMENTOS **15**

Prefácio
O PODER DE UM LÍDER COM PROPÓSITO TRANSFORMADOR 17

Introdução
O CONTEXTO DA TRANSFORMAÇÃO CULTURAL E DIGITAL 21

Não é uma marolinha, é um tsunami 25

Capítulo 1
SOPHIA, O DESPERTAR PARA A MINHA TRANSFORMAÇÃO 29

O recomeço no Brasil e a importância de um líder 36

O enfrentamento da miopia digital 38

Uma nova forma de pensar e agir. 40
Quadro para reflexão – Autoavaliação de carreira. 44

Capítulo 2
O DESAFIO DE ME REINVENTAR COMO LÍDER. 47

O valor da autoconsciência 51
O que saiu e o que entrou na minha mochila 55
Ao me tornar vulnerável, me fortaleci junto à equipe 58
O acerto ao eleger os bobos sábios 60
A lógica da escassez deu lugar à lógica da abundância 61
O poder de se colocar o propósito no centro 64
A importância de se criar narrativas. 65
O líder inspirador rouba o tempo do bom gestor. 66
As vantagens em ser um líder Waze. 71
Na dúvida, a ambidestria é a melhor escolha 75
Quadro para reflexão – O gestor do passado x O líder do futuro . . .76

Capítulo 3
COMO INICIAR A TRANSFORMAÇÃO NA SUA ORGANIZAÇÃO. 79

A cultura como prioridade. 82
Pilotando a tríade transformacional 87
A inovação é para todos 88
A arquitetura organizacional precisa ser redesenhada 90
É fundamental resgatar a essência da liderança 94
Os dois modos de operação. 97
Explore as bordas para atingir o centro. 100
Acelere com as *startups*. 104
Dando um zoom na estratégia digital 106
O ciclo da transformação 109

Quadro para reflexão – Os DEZ conceitos a serem atualizados na transformação cultural e digital 113

Capítulo 4
A TRANSFORMAÇÃO POSSÍVEL EM UMA EMPRESA TRADICIONAL – O *CASE* RANDONCORP 115

O ponto de partida 116

As células clandestinas 119

A inovação aberta 122

A disseminação da inovação 123

As conexões com *startups* decolaram 125

Experimentando negócios 100% digitais 127

Quadro para reflexão – Como a Randoncorp se transformou 129

Capítulo 5
O *ROADMAP* DE TRANSFORMAÇÃO CULTURAL E DIGITAL 131

Ser analógico, estar digital e ser digital 136

Estabelecendo os quatro pilares 138

Estratégia digital x Planos estratégicos tradicionais 139

O foco em pessoas e cultura 141

Atenção à marca e à reputação 143

Implementando as cinco ações estruturantes 145

Nasce a empresa em aceleração 148

Quadro para reflexão – O *roadmap* de transformação que leva uma empresa à aceleração 152

Capítulo 6
A TRANSFORMAÇÃO EXTRAPOLOU PARA O ECOSSISTEMA 153

Os aprendizados do UniTEA 155

Os CPFs inquietos que impulsionaram o Hélice 157

A revolução de um sindicato 162

O agente transformador além muros 164
As plataformas e os novos negócios digitais.................... 167
As alianças e parcerias estratégicas 170
Quadro para reflexão — Os ecossistemas e a lógica da abundância x lógica da escassez 174

Conclusão
AS RECOMPENSAS E O QUE VEM PELA FRENTE................ 175

Os talentos contratarão as empresas.......................... 177
Seja resiliente e busque conexões 179
Deixe um legado.......................... 180

Posfácio
MAR CALMO NÃO FAZ MARINHEIRO BOM.......................... 181

ÍNDICE 187

PRÓLOGO

QUEM É O LÍDER EM TRANSFORMAÇÃO

Sou Daniel Martin Ely, tenho 49 anos e quase três décadas de trabalho corporativo. Estou há mais de 18 anos na Randoncorp[1], um conglomerado de 32 unidades industriais, com sede em Caxias do Sul, na serra gaúcha. Na atual posição de vice-presidente executivo do grupo e COO (*Chief Operating Officer*), estou à frente de iniciativas que têm gerado uma grande transformação nas áreas de pessoas e de cultura e na vertical de serviços financeiros e digitais.

Participo também de vários projetos para fomentar a inovação em entidades empresariais e no setor público. Tenho muito orgulho em ter criado, com a minha esposa, Raquel, o UniTEA — Instituto Unidos pelo Autismo —, além de ser um dos idealizadores do Instituto Hélice, de inovação colaborativa, ambos na serra gaúcha. Em 2021, lancei ainda o curso permanente de imersão on-line "A Jornada do Líder Transformacional".

1. Randoncorp é o nova identidade adotada pelas Empresas Randon, a partir de abril de 2023. Os dados presentes neste livro se referem ao período anterior à mudança do nome, mas em nada prejudicam o entendimento do universo da organização.

Por muitos anos, a minha formação executiva seguiu o roteiro tradicional. Sou graduado e fiz mestrado em administração de empresas, com foco em estratégias organizacionais, na Unisinos (Universidade do Vale do Rio dos Sinos), no Rio Grande do Sul. Tenho uma especialização em gestão e liderança, na Universidade Kellogg, nos Estados Unidos, além de outros MBAs (*Master of Business Administration*) em negócios e finanças.

Nos últimos cinco anos, embarquei na fascinante jornada do líder transformacional, renovando minha bagagem de competências e estratégias para atender às novas demandas da era digital. Acredito que pequenas iniciativas podem levar a grandes processos de mudança. O importante é dar o primeiro passo, seja você colaborador, líder ou dono de uma empresa.

Com a Raquel, construí uma família linda, com a qual me reenergizo todos os dias. Sou pai do Gabriel, de 25 anos, do Samuel, de 19, e da Sophia, de 11.

O meu propósito de vida não se restringe a ser um verdadeiro líder e ajudar apenas uma empresa. Quero colaborar com a sua transformação e com a de quanto mais pessoas e organizações for possível.

DEPOIMENTOS

"Existe uma história legal, de transformação da Randoncorp, em que o Daniel Ely, sem dúvida, foi uma das figuras principais, juntamente com outras lideranças. Quando você empodera uma pessoa que tem capacidade, os resultados aparecem. Primeiro, porque o Daniel acreditou nele mesmo. Segundo, porque sempre teve todas as ferramentas e o apoio, meu e do Conselho, para realizar. Passamos por uma crise muito difícil e precisávamos mudar: juntou a fome com a vontade de comer, e deu tudo certo."

Daniel Randon, presidente da Randoncorp

"Eu vejo no Daniel o crescimento exponencial de uma liderança com muito mais empatia, com muito mais entendimento, do líder que não controla, mas que inspira, porque não temos controle de nada na vida. Esse entendimento vem com a questão do autismo (da nossa filha Sophia), que não tem cura, é um transtorno do desenvolvimento que não temos domínio. A gente fala que a criança aprende brincando e brinca com o que aprendeu. O Daniel aprende trabalhando e trabalha com o que aprendeu, ele realmente gosta do que faz."

Raquel Ely, esposa, amiga desde a adolescência

"A premissa do Daniel é a de sempre olhar para o futuro, e isso cria um sofrimento de querer se antecipar ao processo de evolução, para poder dar suporte àqueles que vêm junto. O Daniel está o tempo todo se revisitando, se provocando. Pessoas como ele, sempre preocupadas com o seu crescimento — e em estar contribuindo para a evolução do ambiente onde estão —, como na questão do autismo, são as lideranças que as empresas procuram."

Vicky Bloch, sócia da Vicky Bloch Associados

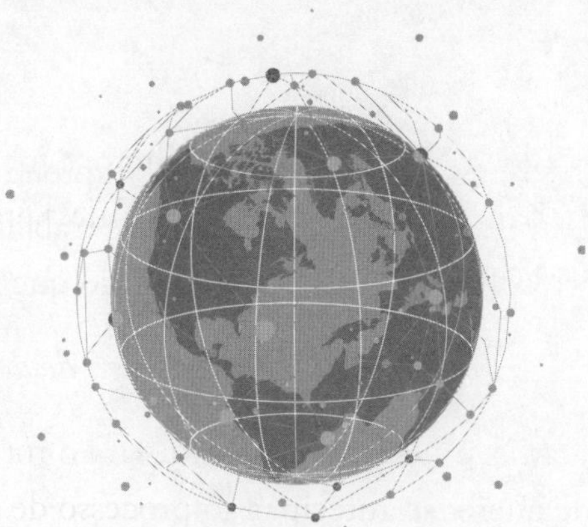

AGRADECIMENTOS

Este livro trata da minha jornada de transformação, que começou em família e continua com minha liderança nas organizações onde atuo. Uma das crenças que têm me acompanhado neste processo é a de que não se faz mais nada sozinho, o resultado é sempre melhor quando buscamos conexões.

Sou muito grato às inúmeras pessoas que têm caminhado comigo nesta jornada, ou que me ajudaram a construir as bases que me permitiram dar estes saltos quânticos recentemente. É a parceria delas que me traz a certeza de que o meu esforço tem sido efetivo e de que vale a pena continuar neste caminho de evolução.

Por meio da menção de uma pequena parcela de amigos, eu gostaria de homenagear todas as valiosas relações que construí ao longo da minha vida. Portanto, obrigado a vocês, Raquel Ely, Daniel Randon, Thamis Zeni, Veridiana Sonego, Mateus de Abreu, Daniel Levy, Darcio Crespi, Vicky Bloch, Felipe Corradi, Thomas Job, Noara Boneti, Euclecio Assis Zanetti, Jaime Vergani, Paulo Spanholi, Daiane Catuzzo e Marlos Schmidt.

PREFÁCIO

O PODER DE UM LÍDER COM PROPÓSITO TRANSFORMADOR

Do analógico para o digital — este foi um dos grandes, corajosos e desafiadores passos dados pela Randoncorp em sua história recente. Uma espécie de "ponto de corte" para o futuro de uma organização, fundada há mais de setenta anos, quando o Brasil ainda engatinhava em seu processo de industrialização.

O fato ganha maior relevância considerando-se que a companhia nasceu e foi gerida durante muitos anos baseada na inspiração, na ousadia, no suor e na genialidade dos seus fundadores, meu pai, "seu Raul", e meu tio Hercílio, o "Nino". Meus irmãos e eu crescemos ouvindo que as pessoas são o verdadeiro ativo que faz a diferença em uma empresa. "Máquinas e tecnologia a gente compra. Trabalhadores comprometidos e qualificados a gente tem que conquistar e cuidar para manter", dizia Raul Randon.

À época, talvez nós não tenhamos entendido a profundidade da singela afirmação, repetida com tanta convicção e insistência. Já na liderança de mercado, a Randoncorp se mantinha em uma posição confortável, ditando modelos, o que a deixava na zona de conforto. Com a maturidade que a prática impõe, a companhia foi tendo clareza dos seus desafios maiores.

Mais do que processos tecnológicos de última geração e equipamentos de alta performance, é preciso ter um time que fale a mesma língua. Uma equipe que saiba lidar com a diversidade, por ser fruto de olhares e pensamentos diferentes que enriquecem o debate, minimizando o inerente risco das tomadas de decisão. É esse o grande legado da marca Randoncorp, que transporta o produto nacional, dentro de seu propósito de "conectar pessoas e riquezas gerando prosperidade".

Hoje, passado o primeiro momento do desafio da sucessão, e tendo convivido com tantos cenários complexos — entre os quais uma pandemia mundial e conflitos internacionais —, posso me sentir confortável, mas sem abandonar a inquietude que impulsiona e garante a permanente renovação. Sinto-me acolhido com a missão de perpetuar uma empresa que passou, no comando maior, por mãos, mentes e corações tão hábeis como os de meu pai e de meu irmão David, e por executivos da envergadura da equipe que lidera cada uma das empresas que integram o conglomerado.

Daniel Ely é um desses executivos de apoio e lealdade incontestáveis. Ao aceitar a tarefa de coordenar o processo de mudanças tão profundas, complexas e delicadas, Ely levou seu propósito para além das suas responsabilidades na companhia. Ajudou a transformar o ecossistema de inovação da região da serra gaúcha, com a sua liderança na criação do Instituto Hélice, iniciado com a parceria da Randoncorp, Marcopolo, Florense e Soprano. Também desempenhou um papel transformacional no Simecs (Sindicato das Indústrias Metalúrgicas, Mecânicas e de Material Elétrico de Caxias do Sul e Região) e no Conselho de Inovação e Tecnologia da Fiergs (Federação e do Centro das Indústrias do Estado do Rio Grande do Sul), além de ter atuado com excelência no seu trabalho de inclusão social e cidadania com a criação, com a sua esposa, do Instituto UniTEA.

Em sua jornada, Ely se despiu de medos e enfrentou a barreira dos apegos para iniciar, seguramente, a tarefa mais difícil e decisiva: a transformação cultural em nossa empresa. As pessoas precisavam assumir e praticar a mudança. Mais do que fazer, era necessário pensar o novo. O modelo vertical enraizado, de comando e controle, clamava por inovação, sob pena de ficarmos para trás na estrada do crescimento.

Na transformação de cultura, um dos pontos que evoluímos muito na Randoncorp foi a questão da burocracia e da hierarquia. Abandonamos o modelo presidencialista na tomada de decisão. Aprendemos a delegar mais, a ter mais cérebros pensando em conjunto. Também evoluímos ao aceitar os erros — havia muito medo de errar. Hoje compreendemos que é possível errar, mas errar rápido. Entendemos as vantagens de testar e ter a possibilidade de corrigir a rota ainda em tempo.

Fica a certeza de que não basta querer mudar. A efetiva transformação para muito além do modo digital tem que ser acompanhada de mudanças culturais, o que exige alterações no *mindset* das lideranças. É preciso aprender a trabalhar em equipe, ter a capacidade de dar liberdade aos colaboradores e parceiros. E tudo começa na alta gestão, que sinaliza a decisão de avançar e dá poder e instrumentos a quem foi delegada a tarefa. Essa, tenham certeza, não é uma decisão fácil. É um ato de coragem, que eu recomendo a pequenos, médios e grandes empresários, de quaisquer setores de atividades. Abrir espaço e confiar nas pessoas estimula a criatividade do time, que se sente credenciado e empoderado para contribuir cada vez mais e se ver refletido nos resultados.

As mudanças de postura e de conceitos têm contribuído para o crescimento da Randoncorp. A trajetória que caminha para oito décadas de permanente aprendizado trouxe a necessária maturidade para avançar dentro dos nossos princípios, do nosso propósito e da nossa ambição ESG, por meio de tecnologias disruptivas — desde nanotecnologia, materiais compósitos, eletrificação, até a transformação digital. Nos antecipamos aos novos e desafiadores tempos, mantendo a liderança no setor, graças ao protagonismo das pessoas e da inovação em ondas nas quais escolhemos surfar.

O *case* Randoncorp, o qual Ely apresenta nesta publicação, relata bem a longa caminhada realizada e aponta, ao mostrar os desafios dessa jornada, que não existe um destino certo, porque o mundo e a empresa são dinâmicos, estão em constante movimento. O *Líder em Transformação* é mais do que um simples depoimento. É um relato estruturado e com conceitos de quem vivenciou a transformação na origem, presenciando as dores e as resistências frente às mudanças, especialmente quando se está em posição de liderança. Traz também muita reflexão sobre os recuos e avanços necessários para a continuidade de um projeto pessoal e profissional, que requer coragem para ser forjado e firmeza em sua execução, mas que resulta no bem comum das pessoas envolvidas, da organização, do ecossistema e de toda a sociedade.

Que a leitura sirva de inspiração!

Daniel Randon, Presidente da Randoncorp

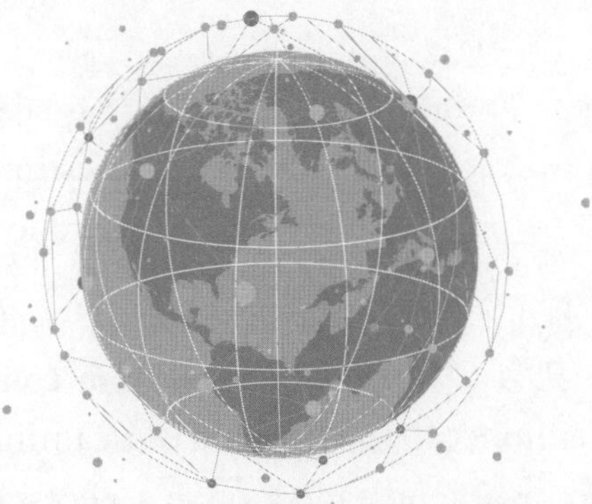

INTRODUÇÃO

O CONTEXTO DA TRANSFORMAÇÃO CULTURAL E DIGITAL

O mundo está em movimento e, cada vez mais, sabemos que o futuro será líquido, numa alusão aos conceitos de modernidade líquida do sociólogo polonês Zygmunt Bauman[2]. Para ele, as relações sociais, econômicas e produtivas seriam frágeis, fugazes e maleáveis, como os líquidos. Chamou de "modernidade líquida" a crescente convicção de que a mudança é a única coisa permanente e a incerteza é a única certeza. Por isso, se ficarmos presos ao passado, em nossas convicções e certezas, não conseguiremos navegar neste mundo em transformação — e isso pode representar um grande risco para nós, líderes, e para nossas organizações. As mudanças estão ocorrendo em

2. Zygmunt Bauman (1925-2017) publicou mais de quarenta livros, entre eles, o clássico *Modernidade Líquida* (Zahar, 2021).

todas as áreas do mundo do trabalho, das finanças, da saúde, da educação e da tecnologia.

No campo do trabalho, para citar algumas dessas mudanças, a mentalidade predominante vai ser cada vez mais de CNPJ (Cadastro Nacional de Pessoa Jurídica) e menos de CLT (Consolidação das Leis do Trabalho)[3], no sentido de sermos mais empreendedores dentro das nossas organizações. As novas tecnologias convergentes, como a realidade virtual aumentada, vão permitir ainda mais operações remotas, ou o *home office*, que vivenciamos bastante na pandemia do covid-19. A força de trabalho vai integrar cada vez mais os robôs aos humanos, com funções repetitivas sendo automatizadas. As máquinas farão os trabalhos mais repetitivos, e os humanos, os criativos. Precisaremos cada vez menos de gestores burocráticos e mais de líderes inspiradores.

Na área financeira, as *fintechs* vieram ocupar um espaço deixado pelos bancos, aproximando-se mais dos clientes, com serviços diferenciados e valores justos. A tecnologia de *blockchain*, ainda bastante associada às criptomoedas, já começa a ser aplicada em várias frentes. A ideia é que se tenha condições de fazer transações sem intermediários. Os avanços na área da saúde são fantásticos, seja na biotecnologia, no aumento da longevidade ou na telemedicina.

A educação tende a ser cada vez menos formal, saindo do modelo universitário que conhecemos hoje. Em plena era digital, ainda vivemos um fordismo educacional, com todos indo para a mesma sala de aula e recebendo o mesmo conteúdo. Nesse novo contexto, de mudanças profundas, precisamos nos atualizar constantemente, por isso a expressão em voga, de *lifelong learning* (aprendizado contínuo, em português).

---

3. Trata-se do conjunto de leis que regulamenta as relações trabalhistas no Brasil, que garante o vínculo empregatício e direitos do trabalhador, como salário mínimo e férias.

Quando entramos na revolução da tecnologia, começamos a pensar em máquinas semelhantes aos humanos, que passam a ter empatia e compaixão. Vamos deixar muito do nosso trabalho para elas e nos concentrar em funções diferenciadas. Gosto muito do que diz Ray Kurzweil, autor do livro *Singularity is Near: when humans transcend biology*[4] — *Singularidade está Próxima Quando os Humanos Transcendem a Biologia* (Iluminuras, 2018), no Brasil. Ele prevê, num futuro não tão distante, a fusão da inteligência humana com as máquinas, o que provocará uma mudança profunda. "Em 2045, a parte artificial da inteligência da civilização de homens-máquinas será um bilhão de vezes mais poderosa do que a parte biológica", diz Kurzweil.

Vira e mexe, surgem acrônimos para definir os novos tempos. Durante a pandemia do covid-19, ganhou força o chamado mundo BANI — *Brittle, Anxious, Nonlinear and Incomprehensible* (Frágil, Ansioso, Não linear e Incompreensível, em português) —, referindo-se ao novo ambiente em que vivemos. Ele substitui o mundo VUCA — *Volatility, Uncertainty, Complexity, Ambiguity* (Volatilidade, Incerteza, Complexidade e Ambiguidade, em português) —, definição criada nos anos 1990, mas que se disseminou após o ataque terrorista de 11 de setembro de 2001. Seja qual for a melhor definição, o certo é que a complexidade só aumenta.

Com tantas mudanças em curso, recorro à matriz de estado de fluxo, para analisar o que acontece quando cruzamos as nossas habilidades com o tamanho do desafio a que somos expostos. Normalmente, quando somos pouco desafiados e temos habilidades para a demanda, ingressamos em um estado de relaxamento ou de tédio. Porém, se não temos as habilidades requeridas, entramos numa apatia, na qual não crescemos, mas o contrário: ficamos estagnados. À medida que o desafio fica maior, as preocupações tam-

4. KURZWEIL, Ray. *The Singularity is Near*: when humans transcend biology. USA: Penguin Books, 2006.

bém aumentam, seja porque não temos as habilidades suficientes ou porque tentaremos controlar o processo, e isso será custoso.

Quando o desafio se dá num nível muito alto e não temos as competências, entramos num quadro de ansiedade, o que pode levar a graves doenças. A condição ideal, que chamamos de estado de fluxo, é aquela quando somos desafiados em um nível alto e conseguimos responder com as habilidades que já possuímos, ou que podemos adquirir. Ou seja, alcançamos um momento em que estamos fazendo algo tão satisfatório que não vemos a hora passar no relógio. Neste mundo líquido, a questão é como podemos ter mais momentos em estado de fluxo do que de ansiedade, de querer comando e controle, ou de apatia e preocupação.

Apenas com essas pinceladas, não é difícil dimensionar as mudanças que estão por vir e como seremos impactados. Quando falamos em transformação digital, não estamos nos referindo a soluções ou produtos digitais, mas ao desenvolvimento de uma nova mentalidade e novas formas de trabalho dentro das nossas organizações. Isso exige, antes de tudo, uma mudança de cultura, que permitirá o acompanhamento e a utilização dessas tecnologias exponenciais. A tecnologia não transforma nada, são as pessoas que aplicam a tecnologia e que provocam as transformações.

Para as organizações, principalmente as mais tradicionais, do século passado, não há mais opções. Ou se transformam, ou ficam para trás. Elas precisam de novas ferramentas para continuar crescendo nesta era digital. Entre as sacudidas da pandemia do coronavírus, houve a provocação para as empresas acelerarem seus projetos de transformação digital, em nível global. Segundo a consultoria IDC (International Data Corporation), o investimento em transformação digital no mundo todo alcançará US$6,3 trilhões, no período 2022-2024[5]. Em 2023, estima-se que mais da metade

5. Disponível em: <https://www.idc.com/getdoc.jsp?containerId=US47115521>. Acesso em: 20 jan. 2022.

da economia mundial já esteja sendo baseada ou influenciada pelo digital. Não dá mais para ficar de fora desse jogo.

NÃO É UMA MAROLINHA, É UM TSUNAMI

As primeiras ideias para este livro surgiram em meados de 2020, em meio às incertezas da pandemia do covid-19, quando aprofundei as minhas reflexões sobre as mudanças do mundo do trabalho, neste novo contexto de transformação cultural e digital. Principalmente, sobre o que está cada vez mais sendo exigido de nós, como líderes, dentro das organizações. Eu estava finalizando a leitura do livro do Peter Diamandis e Steven Kotler, *The Future is Faster Than you Think: how converging technologies are transforming business, industries and our lives*[6] — *O Futuro é mais Rápido do que você Pensa: como a convergência tecnológica está transformando as empresas, a economia e nossas vidas* (Objetiva, 2021), no Brasil —, no qual o autor ressalta que, além de as novas tecnologias estarem crescendo de forma exponencial, também estão convergindo com grande velocidade. As possibilidades que se abrem são quase infinitas.

Esse cenário altera profundamente alguns conceitos que temos enraizados, demandando novas formas de pensar e agir. Passou o tempo em que tínhamos apenas problemas simples ou complicados para resolver, para os quais ainda aplicamos receitas e modelos testados e aprovados. A complexidade do mundo, que se descortina à nossa frente, nos desafia a experimentar mais e, principalmente, a buscar soluções juntando várias cabeças. Na era digital, não se faz mais nada sozinho.

Como líder dentro de uma organização, passei a refletir de que forma a minha jornada já estava mudando, nos últimos anos, e como eu estava me reinventando para surfar nessa nova onda que,

6. DIAMANDIS, Peter H.; KOTLER, Steven. *The Future is Faster Than You Think*: how converging technologies are transforming business, industries and our lives. USA: Simon & Schuster, 2020.

antes de ser uma marolinha, considero um tsunami. Até bem pouco tempo, as mudanças nas empresas tinham data marcada para serem anunciadas, quando reunia-se toda a equipe. Atualmente, elas acontecem todos os dias e a toda a hora, a equipe tem que pegar o novo no ar e fazer as conexões. Os avanços, que aconteciam de forma incremental, em degraus, passaram a ser exponenciais, exigindo saltos quânticos dos envolvidos.

Por isso, tenho a convicção de que não há mais como conduzir esses processos individualmente. Precisamos atuar com modelos em redes, com alto nível de conexão e aproveitamento das diversidades e potencialidades de cada um, ressignificando a inovação dentro das nossas organizações. Tenho insistido na necessidade também se transformar os bons gestores das organizações em verdadeiros líderes, num processo que eu chamo de resgate da essência da liderança. São eles que potencializam as equipes para as mudanças.

Mas como fazer tudo isso? Esse tem sido o meu aprendizado diário na jornada do líder transformacional, na qual eu me lancei nos últimos anos. Como executivo de uma grande empresa, no final de 2017, me dei conta de que precisava mergulhar nesse novo contexto digital. A ideia inicial era ajudar a empresa a se transformar, quando percebi que, antes de tudo, eu deveria me reinventar como líder, mudar o meu modo de pensar e de agir. Foi preciso revisitar as minhas crenças, adotar novas competências e ampliar o meu portfólio de estratégias, para enfrentar os novos desafios do mundo digital.

É essa minha jornada, de um líder em transformação, que vai ser contada nas páginas seguintes. Eu começo traçando um paralelo do impacto que o diagnóstico de autismo da minha filha, Sophia, teve no meu despertar para as mudanças no mundo organizacional. Recordo-me de quando reconheci a minha miopia digital e o que mudou na minha forma de pensar e agir quando saí para explorar os ecossistemas de inovação pelo mundo.

No segundo capítulo, abordo o desafio que tem sido me reinventar como líder. É uma fase intensa de mudanças, na qual revisito a minha bagagem, acumulada por quase três décadas de trabalho corporativo. Passei a eliminar da minha mochila algumas competências e estratégias que não serviam mais. Acabei agregando outras, que estão se revelando fundamentais nesse meu processo de transição. Entre os aprendizados transformadores, destaco o exercício diário de menos comando e controle e de mais influência e inspiração a pessoas e movimentos.

A experiência dos últimos anos me leva a sugerir, no capítulo 3, um passo a passo para a transformação cultural e digital de uma organização. Mostro como é necessário democratizar a inovação e a importância de se mexer na estrutura hierárquica, resgatando a essência da liderança. As conexões com *startups* também se revelam uma maneira muito inteligente para as empresas acelerarem os seus processos de mudança.

O quarto capítulo dedico a um *case* prático de uma transformação possível de uma empresa tradicional com mais de setenta anos: conto como a Randoncorp avançou na sua transformação cultural e digital num curto espaço de tempo. Mais importante, pondero que isso é apenas o começo de uma mudança que ainda provocará muitos impactos positivos no futuro.

Para quem gosta de seguir um esquema prático, no capítulo 5, ofereço um *roadmap* de transformação. Recentemente, migrei para o conceito de bússola, pois, como expliquei anteriormente, não existe mais uma receita do que funciona ou não funciona. Porém, existem premissas que devemos considerar para aumentar as nossas chances de sucesso. Aponto quais são os quatro pilares básicos e as cinco ações estruturantes de um processo de transformação, além de alguns recheios possíveis. Sem querer definir o certo ou o errado, mostro o que funcionou na minha jornada — e que pode funcionar na sua também. Sinta-se à vontade para copiar o meu esquema.

No último capítulo, trago uma confissão. Admito que o espírito transformador tomou conta de mim — e isso deve acontecer com todos os que se transformam. Além de ajudar a transformar a organização onde trabalho, entidades de classe e setor público, continuo me espraiando pelo ecossistema. Lembro-me de que tudo começou com a minha filha e o trabalho voluntário no UniTEA. Abordo ainda as possibilidades que o digital oferece para novos negócios, alianças e parcerias estratégicas. A aventura, neste mundo novo, repleto de desafios e oportunidades, está apenas começando. Embarque comigo nesta jornada transformadora.

CAPÍTULO 1

SOPHIA, O DESPERTAR PARA A MINHA TRANSFORMAÇÃO

O fim do verão e os meses do outono de 2013, em Prattville, nos Estados Unidos, marcaram para sempre a minha vida. Foi quando recebi o diagnóstico de autismo da minha filha Sophia, quando ela tinha apenas 13 meses de idade, e comecei a assimilar o quão diferente seria o mundo para ela e como seria desafiador participar dele. O que eu não imaginava era como a experiência com este mundo novo que se apresentava para a Sophia me ajudaria a evoluir como liderança no mundo do trabalho, cada vez mais impactado pela transformação cultural e digital.

Apesar de serem dois mundos completamente distintos, são igualmente desafiadores e exigem um aprendizado contínuo. Em ambos, não há a opção de retroagir — é como embarcar em uma viagem só com o bilhete de ida e ir desbravando o percurso. A Sophia me ensinou que eu é que preciso me adaptar e me capacitar para enfrentá-los — como pai e como líder.

Menos de um ano antes do diagnóstico de autismo, eu, a minha esposa, Raquel, e meus três filhos, Gabriel, Samuel e Sophia, havíamos desembarcado nessa pequena cidade do estado do Alabama, com cerca de quarenta mil habitantes, num processo de expatriação corporativa. Como curiosidade, Prattville foi fundada em meados do século XIX por um xará meu, o industrial Daniel Pratt. Fabricando máquinas para o processamento de algodão, ele transformou a charmosa vila no berço da indústria do Alabama, dando seu nome ao local. E foi para gerir uma unidade industrial da Randoncorp[8] que acabei me mudando para lá.

O trabalho em solo americano já era a minha segunda experiência internacional. Nos três anos anteriores, eu havia reestruturado uma outra fábrica da Randoncorp, em Rosário, na Argentina. A ida para o país, em 2010, foi um capítulo muito rico da minha vida em vários aspectos. Na vida pessoal, havia realizado o desejo de ter uma filha, com a chegada da Sophia, que completou nossa família. Na vida profissional, considero que dei um salto quântico na minha carreira, até então bastante focada na área de recursos humanos (RH).

Na Argentina, fui o responsável pelas decisões e resultados de toda uma unidade industrial. Foi um grande desafio, que ao mesmo tempo me fez viver momentos mágicos, ao colher os resultados das minhas primeiras experiências como líder inspiracional, uma das competências fundamentais nos atuais processos de transfor-

8. Conglomerado empresarial, fundado em 1949, na cidade de Caxias do Sul, no Rio Grande do Sul.

mação corporativa. Com uma marca forte no mercado argentino, enfrentávamos algumas turbulências, principalmente pela conjuntura do país, na época sob o comando de Cristina Kirchner[9].

Menos de duas semanas depois de eu assumir a unidade, os funcionários entraram em greve, por melhores condições de trabalho e salário. Ainda com um portunhol dominante, reuni toda a equipe no centro da fábrica; queria ouvir e pedir um voto de confiança. Salientei que o momento era inoportuno, que eu era recém-chegado, mas me comprometi a batalhar pelas suas reivindicações. A confiança que transmiti, em menos de dez minutos, fez com que todos retornassem ao trabalho. Mais importante do que o discurso foi a prática.

Pouco tempo depois, já havíamos feito os ajustes no quadro de pessoal e conseguido da matriz a aprovação de investimentos para ampliar a produção e melhorar as condições de trabalho. Voltei para o meio da fábrica e comuniquei os avanços para a equipe; fui aplaudido por todos, num dos momentos mais mágicos da minha carreira. Comecei a entender cada vez mais a importância da conexão do líder com a equipe, o valor de inspirar e influenciar as pessoas, de buscar o engajamento, mesmo em meio às incertezas.

No período de três anos em que fiquei na Argentina, a planta foi duplicada e nacionalizou a maior parte de sua produção, além de servir como uma das bases de exportação da empresa para os países vizinhos da América Latina. Foi um grande aprendizado na minha escalada como líder. Consegui estabelecer uma conexão especial com a equipe, comecei a reconstruir as relações com as entidades do setor e com o governo Kirchner, que nos pressionava cada vez mais para aumentar o índice de nacionalização. Deixei a Argentina com a missão cumprida, inclusive, com a preparação de um novo líder, agora nativo, para me substituir.

---

9. Cristina Kirchner foi presidente da Argentina entre 2007-2015 e vice-presidente entre 2019-2023.

O sucesso na Argentina me deu as credenciais para uma segunda expatriação, agora para a unidade do Alabama. Outra cultura e outro grande desafio. A fábrica está situada numa região com grande escassez de mão de obra, assim, sofríamos uma rotatividade que chegava a ser de 15% ao mês. Conseguimos colocar de pé uma nova linha de produtos, num processo muito estressante, em que eu praticamente vivia dentro da fábrica.

Junto a esse cenário de dificuldades no trabalho, começaram a se comprovar as suspeitas de que a minha filha, Sophia, poderia ser portadora de um transtorno do espectro autista. Em menos de um ano, saio do melhor momento de vida e de carreira e passo para o pior dos mundos. Por eu estar muito focado no trabalho, foi a minha esposa, Raquel, quem começou a observar um retrocesso no desenvolvimento da Sophia, que ficava cada vez mais introspectiva.

Em agosto de 2013, a Raquel e o meu filho mais novo, o Samuel, ouviram a afirmação taxativa de uma pediatra de que a Sophia era autista e que não haveria possibilidade de cura; só nos restava aprender a lidar com a nova situação. Foi um diagnóstico tão duro que até o Samuel, então com 9 anos, retrucou que podia não ser, que a pediatra não era a dona da verdade. A reação da Raquel foi mais pragmática; por ser professora, ela passou a pesquisar artigos científicos e a se inteirar do assunto. Já eu entrei num processo de negação; dizia para a Raquel que era apenas uma fase da Sophia e que, com o tempo, tudo ficaria para trás.

Nos meses seguintes, Sophia passou por uma série de exames, para descartar qualquer outra possibilidade de diagnóstico. Nesse meio tempo, fomos incluídos em um programa do governo americano, o *Early Intervention, a Step Ahead* (Intervenção Precoce, um Passo Adiante, em tradução livre). Por meio dele, contávamos com uma equipe multidisciplinar, que fazia visitas periódicas à nossa casa e nos subsidiava com terapias e informações sobre o autismo. Mais do que ajudar a Sophia, a equipe também focava no bem-estar do restante da família.

Eu demorei a reconhecer e aceitar a situação de minha caçula. Mas, quando uma médica ponderou que, como estávamos temporariamente nos Estados Unidos, o melhor para a Sophia seria retornar ao ambiente onde ela passaria a maior parte de sua vida. Pela dificuldade de lidar com dois idiomas, não tive dúvidas; decidi que, pela primeira vez, daria prioridade para a minha família e antecipei a volta ao Brasil. Até então, sempre havia colocado o meu trabalho, a minha carreira, acima da família. A partir desse ponto, consegui equilibrar mais a vida familiar com a profissional; por mais paradoxal que seja, essa conquista foi fundamental no meu processo de transformação como líder nas organizações onde atuo.

O autismo da Sophia é classificado como moderado, porque, apesar da apraxia, ela tem uma fala funcional e um raciocínio lógico em algumas situações. As dificuldades maiores estão na questão emocional. O fato de estarmos nos Estados Unidos foi fundamental para se obter o diagnóstico precoce e iniciar terapias e estímulos para desenvolver habilidades cognitivas e sociais de minha filha.

Sei que a Sophia tem um transtorno do desenvolvimento; não uma doença, por isso não existe cura. Diferentemente das crianças neurotípicas, que aprendem por meio da imitação, os autistas precisam ser estimulados e treinados para coisas simples, como dar um abraço. O autismo é um caminho sem volta, nós é que precisamos nos qualificar para ajudá-la — quem precisa se transformar somos nós.

Embora ainda não tenhamos estatísticas do Brasil, os dados do CDC, o Centro de Controle e Prevenção de Doenças dos Estados Unidos, apontam que a prevalência do autismo aos 8 anos de idade é de 1 a cada 44 crianças[10]. E a incidência é maior no sexo masculino, na proporção de 4 para 1, em relação ao feminino. Ou seja, a condição da Sophia é bastante particular.

Antes mesmo de ela nascer, eu sempre soube que teria uma filha e que, com ela, viria uma missão especial para a minha vida. Em 2014, já de volta à matriz brasileira, na Serra Gaúcha, começamos a sentir falta da rede de apoio que encontramos nos Estados Unidos para auxiliar as famílias com filhos autistas. Ao mesmo tempo que havia pais despreparados para lidar com as limitações de seus filhos com autismo, era difícil encontrar profissionais capacitados, tanto na área da saúde ou da educação, para atendê-los. Logo a Raquel começou um trabalho voluntário, nos fundos de nossa casa, para acolher algumas mães de autistas e replicar os conhecimentos e as terapias que havia adquirido nos Estados Unidos.

Em menos de quatro anos, os encontros para falar sobre o autismo já estavam reunindo cerca de sessenta pessoas — não só familiares de autistas, mas profissionais que se voluntariavam para a causa. Criamos, em 2018, o UniTEA — Movimento Unidos pelo Autismo —, mobilizando pais, médicos, professores e demais profissionais das áreas de apoio. Cerca de um ano depois, o movimento deu origem ao Instituto UniTEA, que hoje oferece suporte a quase quatrocentas famílias da cidade de Caxias do Sul e região. O sucesso dessa jornada — que começou comigo e a Raquel e que acabou rapidamente mobilizando um exército de voluntários —, tendo o autismo como propósito, me despertou para a lógica da abundância que eu iria aplicar no mundo organizacional.

10. MAENNER, M. J. *et al.* Prevalence and Characteristics of Autism Spectrum Disorder Among Children Aged 8 Years — Autism and Developmental Disabilities Monitoring Network, 11 Sites, United States, 2018. MMWR Surveill Summ 2021. *Surveillance Summaries*, v. 70, n. 11, 3 dez. 2021, p. 1-16. Disponível em: <http://dx.doi.org/10.15585/mmwr.ss7011a1>. Acesso em: 19 jan. 2022.

Aos poucos, a missão trazida pela Sophia começou a ficar mais clara para mim. Depois do UniTEA, também ajudei a criar, dentro da mesma lógica, o Instituto Hélice, para promover a inovação na serra gaúcha. Os aprendizados com a Sophia foram muitos — foi com ela que aprendi a colocar as coisas na sua dimensão correta, como a questão de buscar o equilíbrio entre a vida pessoal e a profissional. O fato de o autismo ser um caminho sem volta exigiu que reestruturássemos uma vida para ela, o que acabou não se revelando tão difícil. Na verdade, isso me fortaleceu. Percebi que não existem desafios instransponíveis e fiquei mais preparado para lidar com outros processos de mudança que viriam.

Hoje a Sophia é uma criança feliz, no mundo dela e nos padrões dela. Se eu quiser encaixá-la nos moldes da sociedade, ela ainda não será incluída como deveria. Mas será que isso é importante? A questão da inclusão também entrou na minha pauta no mundo organizacional. As pessoas são diferentes, e o nosso desafio é aceitar essas diferenças. Não tenho dúvidas de que a descoberta da condição irreversível de autismo da Sophia, e o meu processo de adequação, como pai, para participar do seu mundo, plantaram as sementinhas para a minha jornada de transformação também como líder, na organização e nas entidades onde atuo.

A transformação cultural e digital observada no mundo do trabalho também tem exigido de nós, líderes, adequações constantes. Nos últimos quatro anos, principalmente, precisei revisitar a minha forma de pensar e agir para conduzir da melhor maneira possível as mudanças que o novo contexto impõe, em especial para as empresas criadas antes da era digital, como a que eu trabalho.

O RECOMEÇO NO BRASIL E A IMPORTÂNCIA DE UM LÍDER

O meu retorno ao Brasil, em meados de 2014, foi bastante difícil. Embora estivesse convicto da minha decisão de privilegiar o bem-estar da família e abreviar a temporada como executivo nos Estados Unidos, eu estava muito fragilizado, envolto num turbilhão de emoções. Na vida pessoal, ainda tentava deglutir o diagnóstico de autismo da Sophia e precisei me separar da família durante a semana. Como tínhamos antecipado a nossa volta à Caxias do Sul, nossa casa ainda estava alugada e a Raquel e os filhos passaram um período na casa da minha sogra, em outra cidade. Quanto a mim, instalei-me em um quarto e sala, sem qualquer conforto.

Na questão profissional, sentia que havia descido a ladeira. Assim como minha casa não estava disponível, a empresa também não possuía uma vaga no corporativo para mim. Acabei atuando interinamente, por quatro meses, como gerente da Castertech[11], uma das empresas da Randoncorp. Como já vinha de uma relação conflitante com a minha antiga liderança nos Estados Unidos, senti que estava sendo subaproveitado, colocado na geladeira. Todos os dias, na hora do almoço, era um desafio percorrer os cerca de 800m que me separavam do refeitório, na matriz da empresa. No caminho, sofria muitos olhares de desconfiança e poucos de acolhimento.

Frustrado, cheguei a pensar em abandonar a Randoncorp e buscar outras opções para a minha vida. Aqui, destaco a importância de se poder contar com o apoio forte de uma liderança, no meu caso, do Daniel Randon, atual presidente da empresa. Na época, ele ainda estava em uma fase de transição para o corporativo, mas sua acolhida foi decisiva para eu apostar na minha continuidade na Randoncorp. Quando ainda estava nos Estados Unidos, ele me pediu um voto de

11. A Castertech Fundição e Tecnologia é uma empresa que fornece materiais fundidos para o setor automotivo.

confiança e paciência para enfrentar um período transitório, acenando com possibilidades de mudanças profundas pela frente.

De fato, o Daniel Randon cumpriu suas promessas, me oferecendo mais adiante a diretoria corporativa de pessoas e planejamento da Randoncorp. Mais do que isso, foi ele quem me abriu as portas para que todo o processo de transformação da empresa, que vou abordar no capítulo quatro, pudesse acontecer. É um grande líder, que despertou para a necessidade da mudança. Ele sentia que precisava fazer algo diferente, mas não sabia exatamente o que, nem como. Então, Daniel Randon me deu autonomia e empoderamento necessários para que eu, com uma equipe, começasse a agir.

Hoje avalio o tempo que passei na Castertech como muito rico, apesar de sofrido. Foi um período para deixar a poeira baixar, respirar fundo e me fortalecer para uma jornada de sucesso — que considero transformadora para mim e de grande impacto para a Randoncorp. Fiquei mais recolhido e pude observar o ambiente, o comportamento das pessoas, separar o joio do trigo e me reconectar com o Brasil.

É mais ou menos o que fiz antes de ir para a Argentina, quando estudei o ambiente e as pessoas antes de assumir a fábrica, e deu muito certo. Já na ida aos Estados Unidos, queimei essa etapa, não explorei o terreno, e isso me trouxe alguns percalços. Se eu tivesse voltado diretamente para o corporativo, talvez não dispusesse da bagagem necessária para auxiliar no processo de mudança que a Randoncorp passaria nos anos seguintes.

Por isso, a minha recomendação é que, antes de colocar em ação um projeto novo, sempre se deve dedicar um tempo para estudar, entender a cultura, o comportamento das pessoas e o ambiente ao seu redor. Esse aprendizado pode ser determinante para aumentar as chances de sucesso de uma nova empreitada.

O ENFRENTAMENTO DA MIOPIA DIGITAL

No final de 2017, depois de mais de duas décadas como executivo, aconteceu o grande ponto de inflexão na minha carreira: me dei conta da minha miopia digital.

Tanto na minha própria jornada pessoal como na organização onde estou, havia uma miopia em relação ao contexto futuro e aos seus impactos no negócio. Eu era um executivo com uma formação tradicional, trabalhando em uma indústria pesada, da velha economia. Comecei a perceber as mudanças que estavam acontecendo ao meu redor e a necessidade de me conectar a elas, de identificar novas oportunidades para mim, com a finalidade de fazer as organizações onde atuo avançarem.

Eu ouvia falar muito de *startups*, por exemplo, e não sabia o que eram e nem o que faziam. Ouvia falar de ecossistemas de inovação e não sabia o que significavam. Decidi que precisava sair para explorar o novo mundo que girava lá fora. Hoje, conto que fiz um período sabático, mas não cheguei a me afastar totalmente da empresa onde trabalho. Foi uma fase de muitas descobertas; algumas me trouxeram alegrias, outras sofrimento; mas, com certeza, me deram uma clareza muito grande de direção.

Durante o ano de 2018, conheci diferentes ambientes de inovação, tanto no Brasil como no exterior. Fiquei uma semana explorando o Vale do Silício, nos Estados Unidos, onde percebi que, mais do que gerar tecnologias disruptivas, o sucesso da região vinha do ambiente de colaboração e das oportunidades que propiciava. Estabeleceu-se lá uma rede de atores, em que um fomenta o outro. Há *startups* com ideias brilhantes e há capital disponível para bancá-las; mas, mais do que tudo, há a cultura de ousar, de poder errar e de tentar novamente.

Tive uma outra experiência bastante interessante, na Singularity University[12], em um curso de imersão de uma semana, em temas como o avanço exponencial das tecnologias, suas convergências futuras e os desafios globais. Era como um novelo de lã: quanto mais coisas novas eu conhecia, mais coisas interessantes apareciam. O meu processo de transformação pessoal surgiu da percepção de que eu não conseguiria operar, neste novo mundo que se revelava à minha frente, da mesma forma que havia aprendido e com as mesmas ferramentas que carregava. As viagens aos ecossistemas de inovação me ajudaram a entender o novo cenário, mas também me mostraram algumas novas competências que eu deveria desenvolver e quais estratégias precisaria acrescentar ao meu portfólio.

Nunca me considerei um executivo tradicional. Recentemente, em uma avaliação da minha carreira profissional, descobri que sou movido por causas; foi assim com a causa do autismo, com a causa da inovação e com a causa da transformação cultural e digital. Desde o início de minha vida profissional, sempre fui muito inquieto e curioso. E observador — sempre gostei de estudar o comportamento das pessoas e das organizações; não é à toa que acabei construindo grande parte da minha carreira na área de RH.

Apesar de ter concluído meu ensino médio como técnico em mecânica de precisão, na primeira oportunidade de estágio, desviei da função. Durante o processo seletivo para uma vaga de auxiliar de mecânico industrial, entre quase cinquenta participantes, fui um dos únicos que levantou a mão quando perguntaram quem gostaria, um dia, de ser um líder. A resposta levou a empresa a transferir o meu estágio da área da mecânica para a da qualidade, com foco nos programas de melhoria contínua. Eu tinha 18 anos e, intuitivamente, já havia tido algumas pequenas experiências como liderança inspiracional, como fui compreender mais tarde.

---

12. Realização do Suep (*Singularity University Executive Program, Mountain View*) na Califórnia, Estados Unidos.

No Senai[13], onde fiz o curso técnico, fui vice-presidente do grêmio estudantil e senti o primeiro gostinho do quanto gratificante é influenciar pessoas e movimentos. Havia subido em palanques também no Movimento Caras-Pintadas[14], no impeachment de Fernando Collor de Mello.

Sempre gostei de estar na linha de frente, de me posicionar politicamente e de me conectar com as pessoas. Depois do estágio na área da qualidade, acabei ficando outros onze anos no departamento de RH da multinacional GKN Driveline, onde construí a minha formação de base em pessoas e cultura, uma matéria imprescindível nos movimentos atuais de mudança.

Na época, a multinacional inglesa havia adquirido a ATH Albarus e estabeleceu um protagonismo maior para a área de RH, tornando-a mais dinâmica e participativa. Começamos a desenhar os perfis necessários para as lideranças e a buscar relações de benefícios mútuos entre a empresa e as pessoas. Ou seja, o que servia para a organização também deveria servir para os funcionários — o propósito comum que buscamos hoje.

UMA NOVA FORMA DE PENSAR E AGIR

Ao longo dos últimos anos, quatro inquietações passaram a me acompanhar no dia a dia, seja no campo pessoal ou profissional. Acredito que a nova forma de pensar deixou de ser linear e passou a ser exponencial.

No pessoal, estamos, o tempo todo, sendo estimulados a aprender, a criar e a fazer coisas diferentes. No empresarial, o desafio é

13. Serviço Nacional de Aprendizagem Industrial.
14. Caras-Pintadas foi um movimento estudantil, em 1992, que defendeu o impeachment de Fernando Collor de Mello (1990-1992).

desenvolver produtos e serviços inovadores, pensar em modelos de negócios diferenciados.

Diante desse cenário, a minha primeira inquietação está na percepção de que as tecnologias estão evoluindo de uma forma exponencial e convergente. E é preciso acelerar o passo para entender as novas oportunidades que elas nos trazem.

O segundo ponto é que a nossa capacidade humana de aprendizado é incremental e a nossa mudança de mentalidade acontece de forma muito lenta. Ou seja, estamos em um momento em que não conseguimos mais acompanhar todas essas transformações na mesma velocidade em que acontecem. Precisamos, assim, ser treinados para saber escolher nosso foco de atenção entre tudo o que está disponível — de novas tecnologias a novos modelos de negócio.

A minha terceira inquietação é que as organizações, onde deveríamos ser treinados, também são, via de regra, lineares. Isso vale ainda para empresas, escolas e universidades. Eu, por mais de duas décadas, me desenvolvi dentro de um modelo de executivo tradicional, treinado com muitas ferramentas de gestão do século passado. Hoje, quando tento aplicá-las nesse novo contexto, essas ferramentas ou não servem mais, ou não trazem o melhor resultado. No caso das escolas ou das universidades, o mesmo acontece: a maior parte delas ainda continua com o mesmo modelo de ensino fordista, colocando todos os alunos na mesma sala e oferecendo o mesmo conteúdo.

Dessa forma, precisamos começar o treinamento por conta própria, que vai além do desenvolvimento de uma inteligência cognitiva e emocional. É necessário agregar uma terceira inteligência, a da adaptabilidade. Como sei que existe esse descompasso entre as novas tecnologias e a minha capacidade de aprendizado — que eu chamo de lacuna exponencial —, terei que priorizar realmente o que faz sentido para mim e para os resultados da minha organização.

Essa lacuna exponencial, cada vez maior, acaba gerando um grau de ansiedade diretamente proporcional ao nível de incertezas. Não surpreendem, então, os altos índices de ansiedade e depressão encontrados na população em geral. O Brasil, segundo a Organização Mundial da Saúde[15], lidera o ranking de casos de depressão na América Latina, com mais de 11,5 milhões de brasileiros com a doença; já na questão da ansiedade, somos os líderes mundiais, com um exército de quase 19 milhões de ansiosos[16].

Há duas expressões, em inglês, que traduzem esses sentimentos. A primeira é FOMO, *Fear Of Missing Out* (Medo de Estar Por Fora, em português), a preocupação de não conseguir acompanhar tudo e perder algo importante; é como se o trem estivesse passando em alta velocidade e a pessoa não conseguisse embarcar, ou, ainda, nem soubesse se deveria embarcar. Uma segunda expressão é a JOMO, *Joy Of Missing Out* (Prazer em Estar Por Fora, em português), quando se fica feliz por não precisar assimilar tudo o que acontece. Falamos muito em encontrar um propósito no que se faz; aqui, o indivíduo ficaria satisfeito por não ter que estar presente em tudo.

A minha quarta inquietação está ligada ao fato de que percebemos o mundo a partir do que somos e vivenciamos. As nossas experiências anteriores nos levam a olhar o futuro, muitas vezes, sem enxergar as reais possibilidades de fazer coisas diferentes. Quando estamos atentos a isso, começamos a perceber as oportunidades, que todos os dias se apresentam, de conexão com o novo. Por meio dessas reflexões, vem

15. Disponível em: <https://apps.who.int/iris/bitstream/handle/10665/254610/W?-sequence=1>. Acesso em: 28 jan. 2022.
16. Pesquisas mais recentes indicam que a pandemia do covid-19 prejudicou ainda mais a nossa saúde mental (ALVES, Stephanie. Pandemia afetou a saúde mental de quatro em cada dez brasileiros, diz pesquisa. *CNN Brasil*, 2021. Disponível em: <https://www.cnnbrasil.com.br/saude/pandemia-afetou-a-saude-mental-de-quatro-em-cada-dez-brasileiros-diz-pesquisa/>. Acesso em: 28 jan. 2022).

a certeza de que o processo de transformação tem que começar pela mudança como indivíduo.

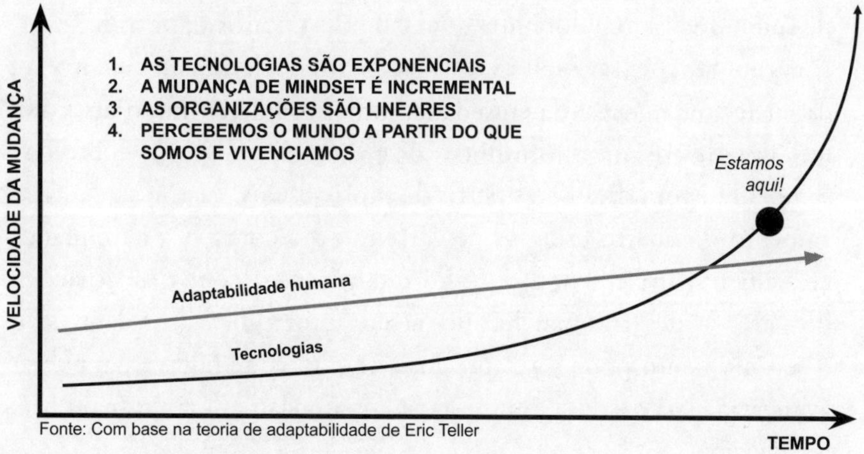

Fig.1 - Adaptabilidade humana às mudanças

Como líderes, fomos condicionados a ter todas as respostas, a demonstrar força. Comecei a perceber que o mais importante era saber fazer as perguntas corretas e buscar as respostas por meio de conexões. Mergulho, então, em um processo de aprender, desaprender, reaprender e compartilhar. Dou a partida para o que chamo de jornada do líder em transformação, uma viagem fascinante que começa por me transformar, ajudar a transformar as organizações onde atuo e a impactar o ecossistema onde estou inserido. Como na questão do autismo da Sophia, saio do piloto automático também como líder e coloco a minha energia para construir um caminho diferente dentro do novo mundo do trabalho.

QUADRO PARA REFLEXÃO — AUTOAVALIAÇÃO DE CARREIRA

Seja qual for o processo de mudança que pretendemos iniciar, antes de tudo, precisamos entender qual é o nosso ponto de partida. Você já parou para pensar qual é o seu momento de carreira e qual a relação dele com o seu momento de vida? Este quadro é fruto de quase três décadas de minhas observações, escutas e diálogos sobre desempenho, com diferentes perfis de profissionais. Ele mostra o cruzamento de quatro estágios de carreira — recomeço, estabilidade, crescimento incremental ou salto quântico —, com três situações de vida — desarmonia, harmonia ou autorrealização. Identificar o seu momento pode ser o precioso pontapé que faltava para você avançar na sua carreira, ou prestar mais atenção nos riscos para não retroceder[17].

17. Para maiores detalhes, recomendo acessar a série de vídeos que produzi sobre o assunto no meu canal do YouTube, disponível em: <https://www.youtube.com/watch?v=26rhbxvnmUI>. Acesso em: 28 jan. 2022

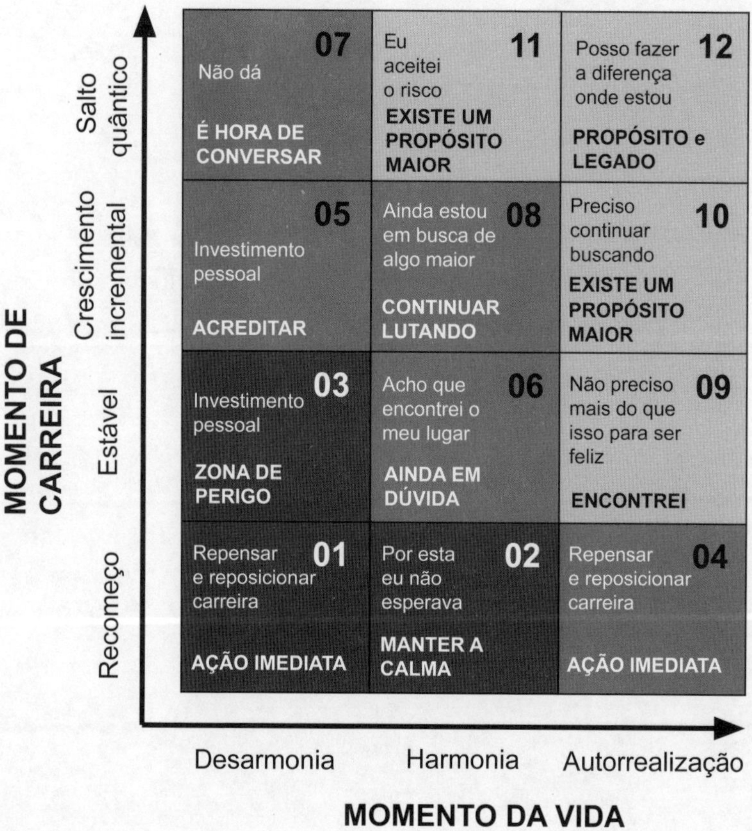

Fonte: o autor

Fig.2 - 12 momentos de carreira e de vida

CAPÍTULO 2

O DESAFIO DE ME REINVENTAR COMO LÍDER

Nos últimos cinco anos, quando comecei a entender o novo contexto do mundo do trabalho, fortemente impactado pelo surgimento de tecnologias exponenciais e pelas diferentes formas de pensar e agir, ficou claro que qualquer transformação de uma organização deve passar antes pela reinvenção de suas lideranças. Até então, bastava sermos bons gestores do negócio, das equipes e dos recursos que nos eram oferecidos; mas esse modelo, no qual eu fui treinado por quase três décadas, está ficando para trás.

Assim, tornou-se urgente para mim — e para qualquer executivo, como atesta a *coach* de lideranças Vicky Bloch — revisitar minha própria história para fazer a readequação de tudo o que foi acumulado, seja conhecimento, habilidades ou competências, para enfrentar a transformação em curso. É a partir disso que evoluímos para um outro patamar, usando o que temos de melhor e deixando de lado o que não serve mais. É um caminho longo, que exige muita resiliência, pois é muito tentador, a cada dificuldade, querer retornar ao confortável modelo anterior.

As novas demandas exigem verdadeiros líderes, aqueles que conseguem potencializar o melhor das pessoas e têm habilidades para construir as pontes necessárias para os processos de transformação, tanto cultural quanto digital. Ao longo da nossa carreira sempre nos foi exigido mudar, avançar em degraus; a diferença agora é que precisamos evoluir em saltos. E, por vezes, esses saltos precisam ser dados sobre penhascos, sem qualquer rede de proteção. A velocidade das mudanças não nos permite mais, como seres humanos ou profissionais, evoluir de uma forma apenas incremental.

O consultor indiano Ram Charan[17], uma das referências mundiais em liderança, diz que, para nos conectarmos ao novo momento, são necessários muito mais saltos quânticos do que movimentos incrementais. Na definição de Charan, os saltos quânticos acontecem quando somos chamados a algum desafio para o qual ainda não reunimos as competências necessárias. Dentro desse conceito, esse novo mundo está exigindo de nós — que estamos à frente de empresas tradicionais e prementes por mudanças — tais saltos. Temos que saltar, muitas vezes sem ter a certeza para onde o salto vai nos levar.

Eu, Daniel, poderia me considerar um excelente gestor, mas isso deixou de ser suficiente e precisei mergulhar em um novo processo de aprendizagem para me reinventar como líder. Toda a minha bagagem na área de RH passou a ser preciosa, já que a habilidade

---

17. Autor de, entre outros livros, de *Execução: a disciplina para atingir resultados* (Alta Books, 2019) e *Repensando a Vantagem Competitiva: novas regras para a era digital* (Alta Books, 2022).

de nos relacionarmos com as pessoas, cada uma disponibilizando o que tem de melhor para um propósito comum, está na essência dessa transformação.

Costumo dizer que a minha jornada rumo à liderança transformacional pode ser descrita em ondas. A primeira delas tem a ver com a minha personalidade — a de um indivíduo inquieto e curioso. O que provocou os meus primeiros passos rumo à transformação foi uma curiosidade em entender esse novo contexto; eu poderia, simplesmente, ter ficado confortável no meu canto, já que usufruía de uma boa posição na organização onde trabalho.

Observo que a maior parte das pessoas que estão conseguindo fazer a transformação de uma maneira mais tranquila são as que compartilham essa característica; elas não se contentam com o status quo e buscam sempre um propósito no que fazem. No meu caso, como já contei, sou movido por causas. Assim aconteceu com o autismo, com a inovação e com a causa da transformação, seja cultural ou digital.

No meu movimento pessoal, sempre que começo a enxergar coisas novas, sinto a necessidade de difundir esse conhecimento e impactar meu ambiente. De nada adianta ser inquieto e curioso e não se importar em levar as descobertas para fazer a diferença nas organizações onde estamos. Eu poderia ter ido para o Vale do Silício, aproveitado a viagem e voltado ao meu modo de operação tradicional. Então, é essencial termos uma questão de causa, de propósito, de fazer acontecer.

Surge, pois, a minha segunda onda, que tem a ver com o contexto em que estou inserido e a necessidade de adquirir novas competências e estratégias para conseguir ter um protagonismo na transformação da empresa e nas entidades onde participo. Essa segunda onda não existiria se eu não tivesse contado com os patrocínios dentro das organizações, que me ajudaram a enfrentar as resistências à mudança. Aqui entra a parte prática da transformação, a que envolve trabalhar em questões como a de me tornar vulnerável para adquirir novos aprendizados e a de me conectar com a equipe. É fundamental substituir comandar e controlar por inspirar e influenciar pessoas e movimentos.

Importante também é o exercício de uma liderança ambidestra, para equilibrar as duas realidades — a que preserva as conquistas atuais e a que avança no novo — durante a transição. A nova posição que adquiri no meio do caminho, a de CTO (*Chief Transformation Officer*), uma espécie de orquestrador dos processos de mudança dentro da organização, me deu o empoderamento necessário para a missão.

Já a terceira onda, a que vivo mais intensamente hoje, é a que extrapola o meu ambiente organizacional e faz eu replicar o movimento no ecossistema, buscando impactar cada vez mais outros líderes e empresas. Ela está bastante associada à lógica da abundância, que veio substituir a lógica da escassez, até então prevalecente no mundo organizacional. Esses e outros conceitos, que fui incorporando nos últimos anos, é o que vou compartilhar adiante.

A minha jornada exploratória pelos ecossistemas de inovação descortinou uma série de novos conceitos para serem trabalhados nas organizações e me trouxe a certeza de que eu precisava me reciclar. Foi necessário revisitar muitas das minhas crenças, valores e comportamentos, acumulados em quase três décadas de carreira. Precisei adquirir novas competências e adotar novas estratégicas para conduzir o meu processo individual de transformação e o das organizações onde atuo. Aos poucos, fui colocando na balança o que poderia manter, ou não, nesta era digital.

Descobri que eu não conseguiria seguir em frente — nem ninguém mais — sem estabelecer conexões, sem um esforço conjunto.

No passado, quando tínhamos problemas mais difíceis e complicados para serem resolvidos, costumávamos recorrer a fórmulas mágicas já testadas e aprovadas; era preciso apenas aplicá-las, da maneira correta, e a solução seria encontrada. Hoje, vivemos em um contexto considerado complexo, no qual existem fórmulas que podem funcionar ou não. A solução para as questões complexas surge depois de muitos testes, erros e acertos. E, mais importante, geralmente é resultado de um processo coletivo, da soma do conhecimento de várias cabeças.

É importante salientar que não pretendo aqui dizer que existe o certo e o errado, mas apontar caminhos possíveis para a sua transformação. Quero contar um pouco dos caminhos que eu percorri e onde colhi resultados positivos ou negativos. Alerto que não é uma jornada trivial; exige muita coragem e resiliência. Mas é perfeitamente possível — e, mais importante, recompensadora. Basta dar um passo de cada vez.

O VALOR DA AUTOCONSCIÊNCIA

A autoconsciência é a mãe da consciência. O ponto de partida de qualquer processo de nossa transformação, como líderes, passa pelo entendimento do momento em que nos encontramos. Eu preciso ter a clareza de onde estou, como estou e que comportamentos preciso abandonar ou agregar para me adequar ao novo. É um processo de reflexão individual e que vai ser decisivo para revisitar algumas crenças e valores acumulados ao longo da vida. Aqui, adianto que não é uma tarefa fácil; precisamos nos dar conta do tamanho do salto que temos que dar e do nosso despreparo para isso; cada vez mais, precisamos admitir nossa vulnerabilidade.

Temos a tendência de enxergar o mundo com base em nossas experiências passadas e não em relação às novas possibilidades que se apresentam. A nossa percepção de mundo é muito mais baseada em um espelho retrovisor do que em um para-brisas. E é a rigidez das nossas experiências anteriores que pode se tornar o nosso grande inimigo no processo de transformação que precisamos fazer. Isso não é desmerecer o nosso legado, nossas histórias de sucesso do passado, mas compreender e ter a clareza que precisamos adicionar novas lentes e perspectivas ao ver o mundo. Só mudamos quando admitimos as diferentes possibilidades que existem.

Para melhor ilustrar por que as pessoas têm tremenda dificuldade de alterar seus comportamentos e seus modelos de funcionamento, busco a Escada da Inferência[18], do Chris Argyris, professor da Universidade de Harvard, que explica o enlace reflexivo. Em todo contexto novo, ele diz, avançamos em degraus, como se fosse uma escada. No primeiro, observo os dados; no segundo, faço uma pré-seleção; e, no seguinte, adiciono sentido aos dados, sempre a partir de minhas experiências.

Fig.3 - A Escada da Inferência

18. Publicada no livro *A Quinta Disciplina: arte e prática da organização que aprende* (Best Seller, 2013), de Peter M. Senge.

No quarto e quinto degraus, faço pressupostos, com base nos meus sentidos, chego às minhas conclusões e adoto crenças acerca do mundo; no final da escada, pratico ações baseadas em minhas crenças. O resultado é que acabo observando o mundo sempre por meio da bagagem que carrego, resultando no que Argyris chama de enlace reflexivo, que dificilmente propiciará mudanças.

Esse enlace reflexivo fazia sentido num mundo onde as coisas não mudavam tão rapidamente e tínhamos as receitas prontas para as soluções dos problemas simples ou complicados. Com a complexidade da era digital, precisamos de mais pessoas pensando em soluções para os novos problemas. Isso exige uma revisão de nossas crenças ou dos sentidos que adicionamos aos dados que observamos. Assim, o nosso nível de autoconsciência para a mudança de comportamentos tem de ser também exponencial, temos que conseguir fazer isso em uma velocidade maior.

Um exemplo que costumo usar de enlace reflexivo é em relação ao trajeto que repetimos, todos os dias, para ir de casa ao trabalho. Sabemos que, se sairmos dez minutos depois do habitual, corremos o risco de enfrentar um congestionamento; mesmo assim, seguimos pelo mesmo caminho. Para quebrar esse enlace reflexivo, uma saída seria buscar uma rota alternativa no aplicativo Waze, para chegarmos mais rápido. Além disso, por ser um caminho novo, talvez sairíamos do piloto automático e prestaríamos mais atenção no trajeto, provavelmente descobrindo novas oportunidades de conexão.

Diariamente nos deparamos com novas situações, seja na família, nas organizações ou nas nossas comunidades, e com possibilidades de aprendizagem. Se observarmos esse novo contexto que nos é apresentado, usando as mesmas lentes das nossas experiências passadas, dificilmente aprenderemos algo diferente. A partir do momento em que eu estiver atento a isso, começo a perceber com maior clareza as oportunidades de conexão com o novo.

Quando baixo a minha rigidez, me permito revisitar algumas das minhas crenças culturais e sentidos que adiciono à minha observação. Dessa forma, crio um outro ciclo de inovação, no qual sou capaz de aprender, de desaprender, de reaprender e de compartilhar, oportunizando transformações diárias. Eu amplio o meu portfólio de experiências e agrego outras possibilidades à bagagem que carrego. Precisamos abandonar a ideia de continuar fazendo o que sempre deu certo, pois pode não ser esse o melhor resultado possível.

Fig.4 - O processo de inovação

Mudar os comportamentos não é algo trivial. Lembro o quanto foi doloroso quando eu comecei a fazer as minhas reflexões para as primeiras mudanças. Foi preciso sair de uma zona de conforto e abandonar alguns modelos mais tradicionais nos quais me espelhei e fui reconhecido. Na questão de menos comando e controle, percebo o quanto ainda é difícil deixar o "monstrinho mecanicista e controlador" que temos dentro de nós, como diz meu amigo e consultor Daniel Levy. Eu preciso ter a autoconsciência que ainda carrego esse monstrinho, e me autopoliciar constantemente, para que ele não entre em ação, ou usá-lo apenas em ocasiões em que seja bem-vindo.

Não há mais dúvidas de que, enquanto nós, líderes, não começarmos a mudar a nossa mentalidade diante dos novos desafios, não haverá transformação, seja cultural ou digital, de qualquer organização onde estivermos inseridos. A boa notícia é que, em muitos segmentos, como na indústria pesada, ainda podemos fazer essa mudança pelo amor e não pela dor. Diferentemente de setores, como o financeiro e de telecomunicações, em que a disrupção já está acontecendo em uma velocidade maior, não precisamos esperar a água bater no pescoço para começar a nos mexer mais energicamente. O exercício da autoconsciência nos permite ver também o quanto desta transformação pode estar sendo bloqueada por nós mesmos.

Aqui, eu recordo de um depoimento de uma ex-liderança da organização onde trabalho. Ela confessou que acompanhava os meus movimentos de mudança como espectadora, mas não embarcou na oportunidade de ajudar na transformação. Não atrapalhava, mas também não se engajava; só foi se dar conta da importância de todo o processo ao trocar de empresa e precisar, ela mesma, se tornar a protagonista das transformações necessárias no seu novo ambiente; ou ela assumia a empreitada, ou ninguém o faria, não dava mais para ficar na zona de conforto. É importante termos em mente que cada um tem o seu tempo para mudar, e isso precisa ser respeitado.

O QUE SAIU E O QUE ENTROU NA MINHA MOCHILA

Sem exagero, posso dizer que cerca de 70% das minhas competências atuais, bem como das estratégias que aplico no meu dia a dia como executivo, foram desenvolvidas nos últimos cinco anos. Eu não sabia nada de *startups*, de ecossistemas de inovação, de *venture capital* ou de *foresight*. Precisei entender a lógica da abundância, em contraponto à da escassez, aprender a criar narrativas e a ser mais resiliente para mergulhar no novo. Foi necessário me desapegar de modelos de gestão do século passado, nos quais fui condicionado por décadas, e dar espaço a outras formas totalmente diferentes para potencializar a equipe e gerar resultados.

Brinco que é como fazer uma faxina na nossa mochila, tirando o que não vamos usar e agregando coisas mais úteis. Ou, como em um processo de mudança de residência, e disso eu entendo — em dezoito anos, troquei de endereço seis vezes. A cada mudança, eu era obrigado a fazer uma seleção e deixar coisas para trás; além de aliviar a carga, abandonava o que não era mais tão importante. Esse pode ser um bom exercício para se fazer também na vida profissional.

Fonte: Pixabay

Fig.5 - A carga não pode ser pesada demais

Para ampliar meu leque de competências, precisei deixar outras de lado, já que o nosso hardware tem uma capacidade limitada de armazenamento. No meu repertório entraram outros conhecimentos, principalmente os relacionados às novas tecnologias e suas aplicabilidades, como *analytics* e inteligência artificial, num processo que eu chamo de alfabetização digital, em contraste à analógica, na qual fui educado. Entre outras coisas, me tornei mais vulnerável, abandonando as minhas certezas e aprendendo a fazer mais perguntas do que precisar sempre fornecer as respostas.

Aprendi, na marra, que inspirar e influenciar pessoas e movimentos é muito mais produtivo do que exercitar o comando e controle — se pudesse eleger, essa seria a competência de maior impacto para ser adotada. O momento de transição também tem exigido muito a prática da ambidestria organizacional. É uma estratégia fundamental para equilibrar as novas demandas da era digital, com a manutenção do negócio atual, que, ao final das contas, é o que tem que bancar o processo de transformação.

Quando eu falo que o líder precisa adotar novas ferramentas, não significa um completo abandono das antigas. O comando e controle, por exemplo, temos que tentar reduzi-lo ao máximo, não eliminá-lo, porque haverá momentos em que pode ser mais inteligente dispor dele, já que tem uma capacidade de execução rápida. Mas é uma ferramenta para lançar mão de vez em quando; o que deve predominar é o esforço para influenciar e inspirar pessoas e movimentos.

A minha recomendação é sempre no sentido de atualizar o nosso repertório dentro da mochila. Como o espaço é limitado, eu preciso fazer escolhas do que vou tirar; talvez possa ainda deixar algumas ferramentas guardadas, em outro local, para usos eventuais.

Fonte: o autor

Fig.6 - A jornada do líder transformacional

Esse processo, que começa com o exercício da autoconsciência e a adoção de novos comportamentos, aquisição de novas competências e aumento do portfólio de estratégias, constitui o que eu chamo de tríade do líder transformacional. Não é uma jornada trivial, mas é bastante possível e cheia de recompensas.

Para compartilhar as minhas experiências, no último ano, criei um curso permanente de imersão online[19]. Esquematizei em 35 aulas, com mais de 20h de duração, as principais competências e estratégias que ajudaram na minha jornada pessoal de sucesso.

AO ME TORNAR VULNERÁVEL, ME FORTALECI JUNTO À EQUIPE

Descobri que quanto mais vulnerável for, quanto mais incertezas eu tiver, mais me sinto fortalecido nesse processo de transformação e mais consigo me conectar com as pessoas. Quando comecei a fazer

19. Acesse o curso em: <https://lp.elydaniel.site/torne-se-um-verdadeiro-lider/>. Acesso em: 28 jan. 2022.

meu processo interno de mergulho no novo contexto, me dei conta de que precisava elaborar mais perguntas do que oferecer respostas. E era fundamental aumentar a minha rede de conexões para construir essas respostas em conjunto. Até pouco tempo, o poder estava no conhecimento individual — quanto mais eu sabia responder, mais crescia dentro da escala hierárquica das organizações. Agora, preciso ter a capacidade de articular, de entender esse novo ambiente e de construir algo totalmente novo.

É libertador poder dizer que eu não sei algo e me conectar com indivíduos que também estão fazendo esse movimento, muitas vezes pessoas mais jovens, de *startups*, com mentalidades diferentes. Quando falamos da importância da diversidade nas organizações, pela lente da inovação, ela vai muito além de respeitar as diferenças de gênero, raça ou orientação sexual; o foco está em respeitar as diferentes formas de pensar.

Como a minha geração — represento a X[20] — não foi preparada para demonstrar fragilidade, é normal termos insegurança e medo de não sermos aceitos. Muitas vezes, o ambiente pode enxergar essa vulnerabilidade como uma fraqueza, por isso se fala tanto em segurança psicológica. Observo que as gerações seguintes à minha, a Y e a Z[21], não temem em se expor como são, por isso, geralmente arriscam mais. Ser vulnerável é voltar a ser aprendiz, não querer ter todas as certezas, compartilhar as dúvidas. E, se necessário, recuar duas ou três casas antes de avançar no jogo.

Eu acredito que potencializamos nossos resultados quando abandonamos as certezas e nos tornamos vulneráveis, abertos a tentar, a errar, a corrigir, a tentar novamente e gerar novos aprendizados com a experimentação. Precisamos ter a coragem de admitir que não somos os donos da razão, principalmente quando ocupamos posições mais

20. Nascidos entre 1965 e 1980.
21. Nascidos entre 1981 e 1996 (Y) e entre 1997 e 2010 (Z).

altas na pirâmide hierárquica das organizações. O medo do erro e da altura da queda ainda nos assombra como líderes.

Aprendi que a minha vulnerabilidade acaba me aproximando das equipes, em especial nesses momentos de transformação, em que a única certeza está na incerteza. Quando a equipe percebe que o próprio líder não tem medo de falar das suas fraquezas, dos seus erros, a mensagem implícita é a de que eles estão autorizados a fazer o mesmo. Essa mudança de comportamento não é automática, exige um processo educativo da nossa parte. Eu saio de uma condição em que tinha que saber tudo, ser uma espécie de super-herói, e passo a manifestar a minha vulnerabilidade, ou pedir desculpas por uma falha. Até mesmo o pedir desculpas não fazia parte do vocabulário do mundo organizacional.

O ACERTO AO ELEGER OS BOBOS SÁBIOS

O psicanalista e consultor em liderança Manfred Kets de Vries[22] diz que todo líder que está preocupado em fazer a sua jornada transformacional deveria poder contar com dois ou três bobos sábios. Segundo a lenda, os bobos sábios eram as únicas pessoas na corte que tinham a coragem de dizer as verdades para o rei; no entanto, possuíam uma estratégia sobre a melhor forma de falar. Numa analogia, os reis somos nós, no pedestal da nossa vaidade e do nosso ego, que nos consideramos melhores por ocupar uma alta posição na hierarquia organizacional e escutarmos apenas o que nos convém.

Nesse processo de transição, ter disponíveis essas pessoas torna-se essencial. Diferentemente dos bajuladores, esses bobos sábios nos ajudam no desenvolvimento, na medida em que apontam as nossas

22. KETS DE VRIES, Mandfred F. R. *Reflexões sobre Caráter e Liderança*. Porto Alegre: Bookman, 2010.

"pisadas de bola" e dizem o que muitas vezes é doloroso ouvir. Eu consegui identificar dentro das organizações onde atuo os meus bobos sábios, com os quais tenho uma relação de confiança; é um grupo reduzido de pessoas, com as quais precisei trabalhar para que se sentissem seguras para o exercício do sincericídio. Não dá para esquecer que muitos bobos sábios acabaram perdendo a cabeça por dizerem ao rei o que ele não estava disposto a ouvir.

O apoio dessa rede de bobos sábios me ajuda a ter mais leveza no processo, corrigindo alguns deslizes no caminho. A minha recomendação é que você defina o quanto antes os seus bobos sábios. Eles não são difíceis de encontrar, geralmente estão ao seu lado há alguns anos, têm uma boa capacidade de leitura do ambiente e, mais importante, têm a coragem de falar as coisas que você precisa ouvir. Só preste atenção para não os confundir com os bajuladores, aqueles que estão ao seu redor apenas pelo cargo que você ocupa.

A LÓGICA DA ESCASSEZ DEU LUGAR À LÓGICA DA ABUNDÂNCIA

Praticamente, em toda a minha vida profissional, eu havia operado sob a lógica da escassez, na qual o raciocínio predominante era o de que os recursos eram limitados e eu precisava garanti-los para a minha organização. A competição era a regra; o meu jardim sempre precisava ser mais bonito do que o do vizinho, a minha grama mais verde, a minha empresa maior e melhor do que a outra.

O raciocínio vigente era que, com a escassez de recursos, a minha empresa sofreria para crescer e aumentar a sua participação no mercado. Assim, esse medo levava à estocagem de recursos dentro de casa, num movimento repetitivo dentro do mercado, e a escassez acabava se materializando, num círculo vicioso.

Os novos modelos de negócios que surgiram nesta era digital, muitos focados em parcerias e alianças estratégicas, fizeram com que prosperasse a lógica da abundância. É um pensamento completamente contraditório, em que não existe qualquer convergência com o mundo da escassez. Na lógica da abundância, eu coloco um propósito comum no centro, e todos que desejarem se organizar em volta dele, para oferecer suas competências, podem aderir.

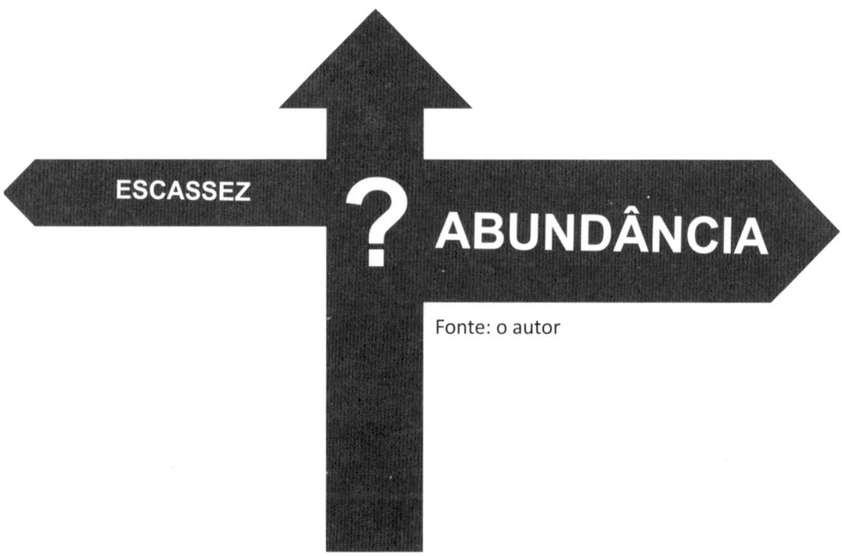

Fig.7 - Rumo à abundância

Como eu acredito que há recursos em abundância para todos, troco o medo pela confiança. Dessa forma, passo a estocar apenas o indispensável, além de disponibilizar os meus próprios recursos para o sistema, que podem ser utilizados por outras organizações, parceiros ou até mesmo competidores. Parece um contrassenso, mas é essa a mentalidade que está por trás de muitas alianças estratégicas que começamos a ver prosperar no mercado digital.

Em segmentos mais disruptivos, como o de serviços financeiros e digitais, nos quais tenho mergulhado recentemente, a lógica predominante é a da abundância. Da mesma forma que eu coloco os meus recursos no sistema para quem quiser usá-los, também posso usufruir daqueles disponibilizados por terceiros. A abundância leva a um aumento da confiança e o sistema cresce como um todo, numa espécie de coopetição (cooperação + competição). Isso não quer dizer que a competição deixará de existir, mas eu passo a fazer algumas trocas e a entender que não preciso fazer tudo, crescer sozinho, ter todos os recursos dentro de casa. Ganho em agilidade e reduzo os meus custos.

As minhas experiências nos institutos UniTEA e Hélice, que serão detalhadas no capítulo 6, são frutos dessa nova lógica da abundância. No centro das duas iniciativas estão os propósitos, que acabam reunindo os atores ao seu redor, cada um disponibilizando a sua melhor competência. No caso do Hélice, no centro está a inovação colaborativa, reunindo empresas que buscam soluções para as suas dores, que acabam sendo comuns. É evidente que cada empresa pode apresentar particularidades do seu negócio que devem ser preservadas, mas em tantas outras questões não faz mais sentido andar sozinho. Via de regra, acaba sendo muito mais oneroso trabalhar na lógica da escassez.

Para a minha jornada como líder, entender a lógica da abundância foi bastante transformador. Perde-se ainda muito tempo dentro das organizações querendo provar que a minha forma de pensar é melhor do que a sua, que a minha resposta é a mais importante, que eu domino certa tarefa. Passei a aceitar e ver realmente valor em trabalhar com o outro, em respeitar a diversidade do outro, em somar as partes. Aprendi a recuar e a trabalhar mais com o diálogo construtivo.

O PODER DE SE COLOCAR O PROPÓSITO NO CENTRO

Em qualquer processo de transformação, uma das questões essenciais consiste em colocar um propósito no centro da estratégia, dentro da lógica da abundância. Orbitando ao seu redor estariam as pessoas e as organizações, todas disponibilizando as suas competências a serviço da transformação. Neste propósito central, está o que inspira e conecta as pessoas ao seu redor. Eu não me conecto a uma organização porque ela fabrica determinado produto, mas porque oferece uma solução que vai trazer um impacto ou benefício específico, com o qual estou identificado no meu propósito individual.

Fonte: o autor

Fig.8 - Tudo gira ao redor de um propósito

É o propósito comum que cria o engajamento da equipe para o que entrega. O oposto de propósito é a anomia, que é a falta de identidade, de valores, de raízes, em uma pessoa ou em uma sociedade. Quando eu não tenho uma declaração de propósito bem definida, corro o risco de ter uma anomia individual ou coletiva. Surgem os questionamentos: por que existimos, para onde estamos indo? E isso vai levar a uma perda de energia, de competências e de potencial da equipe. É o compartilhamento de propósitos que vai gerar os movimentos de mudança.

A IMPORTÂNCIA DE SE CRIAR NARRATIVAS

Para inspirar e influenciar movimentos, é preciso criar uma narrativa que conecte o propósito das organizações com o de cada membro da equipe ou do projeto. Para construir uma narrativa de engajamento, ou *storytelling*, nós líderes precisamos ter clareza do ponto em que estamos e onde queremos chegar. O resultado que almejamos tem que ser bom para todos, não apenas para a empresa ou para o executivo. Por isso, não crio mais narrativas engajadoras falando em duplicar receita ou lucro líquido — essas métricas poderiam ainda ser atrativas para os *baby boomers*[23], mas para as gerações seguintes não geram aderência.

O propósito deve ser a primeira coisa a constar em uma narrativa com visão de futuro. Cada vez mais, as pessoas se conectarão por um propósito, em que cada parte — as organizações, as pessoas físicas, as entidades — disponibilizará sua competência no processo. Outro ponto importante em uma narrativa é a adequação ao seu público. Durante um processo de mudança, é normal que as

23. Nascidos entre 1946 e 1964, em alguns países que tiveram uma explosão demográfica pós-Segunda Guerra Mundial, principalmente no Ocidente.

pessoas estejam em diferentes momentos, algumas mais receptivas, outras com mais dúvidas, e assim por diante.

A narrativa acaba sendo o estopim para movimentar os primeiros seguidores, aqueles que já estão conectados com a mudança e que só esperam um sinal para começar a andar. O grupo que merece maior atenção é o dos que estão em cima do muro, que não sabem para que lado cair — para estes, uma narrativa eficiente é decisiva. Já para os opositores, a estratégia é não confrontá-los em um primeiro momento, como veremos no próximo capítulo.

Embora não precise trazer todos os elementos ou dar todas as certezas em relação ao futuro, a narrativa tem que entregar uma clareza de direção. Precisa indicar para onde vamos e por quê. Mas, atenção: ela precisa ser legítima, sem discursos vazios, ou, ao contrário de engajar, o isolará como líder. Eu, geralmente, tento ilustrar a narrativa com uma figura — acredito que isso ajuda a me conectar com o meu público. Por último, considero a narrativa como um evangelho, que precisará ser repetida muitas vezes e com muito entusiasmo.

O LÍDER INSPIRADOR ROUBA O TEMPO DO BOM GESTOR

Dizer que os bons gestores precisam cada vez mais se transformar em líderes inspiracionais virou quase um mantra para mim. Um dos meus grandes aprendizados nos últimos anos foi o de como sair de um modelo de comando e controle e conseguir gerar resultados inspirando e influenciando pessoas e movimentos. A competência aqui é a de colocar um propósito no centro e criar uma narrativa que faça a conexão entre os anseios individuais e o coletivo, para atrair os primeiros seguidores. As pessoas se conectam com pessoas e engajam em histórias que representem os seus propósitos. Como já vimos, não é mais possível que as pessoas se engajem apenas com metas de lucro ou de receita no final do mês — principalmente as novas gerações.

Quem me conhece sabe que, ao me convidar para qualquer ação em que eu possa ajudar a inspirar e influenciar pessoas e movimentos, sempre estarei disponível, tanto dentro da organização quanto das entidades das quais participo. Abrir mão de comando e de controle não é uma mudança fácil, principalmente para um executivo sênior como eu; via de regra, nós galgamos posições difíceis nas organizações dentro do modelo tradicional, de estruturas verticais de comando e controle. Assim, quando chega a nossa vez de comandar, muda tudo e parece que perderemos a chance de exercitar o poder que conquistamos.

Um amigo meu, o publicitário e consultor Dado Schneider, gosta de provocar que, "bem na minha vez, não pode mais comandar e controlar". Com o tempo, percebemos os benefícios dessa mudança. Na minha experiência, comandar e controlar exige dez vezes mais esforços do que inspirar e influenciar movimentos. Ou seja, com a mesma energia que utilizo para comandar e controlar um processo, consigo inspirar e influenciar até dez movimentos.

Muitos me perguntam como eu consigo dar conta de estar na minha organização e participar de tantas outras entidades e eventos. A resposta é: porque já fiz a minha inversão de agenda e já consigo dedicar cerca de 60% do meu tempo para inspirar e influenciar pessoas e movimentos. Antes, eu ocupava quase 70% da minha agenda para fazer o gerenciamento do dia a dia, o que incluía reuniões pesadas, outros 20% eram distribuídos para articulações fora da minha atividade principal dentro da empresa e o restante ficava para planejamentos. De imediato, me dei conta que precisava readequar a agenda.

A lógica é que o executivo passe a dedicar uma parcela cada vez menor do seu tempo para o microgerenciamento, uma vez que as novas ferramentas digitais, como inteligência artificial e *analytics*, vão fazer essas entregas de uma forma mais assertiva, mais rápida e com menor custo. Esse tempo que sobra na agenda deve ser aplicado no relacionamento com as pessoas, na formação das equipes. A reflexão é que, se nós, como líderes, estamos confusos com todo esse universo de novas demandas, o que acontecerá com a nossa equipe? Sempre recomendo aos meus liderados liberarem tempo na agenda para conversar com os colegas também sobre amenidades, perguntar sobre a vida, não falar somente de trabalho.

Ao fazer a minha inversão de agenda, abandonei muitas coisas que me castigavam, me prendiam ao modelo antigo. Eu já fui um executivo que fazia muitas reuniões de comando e controle — me libertar delas foi poderoso.

Chegava a fazer duas reuniões semanais para acompanhamento de processos, que substituí por apenas uma, quinzenal. Percebi que, mais do que obter resultados práticos, muitas das reuniões eram importantes para satisfazer ao meu ego, ou manter o meu status dentro da organização. Hoje as minhas reuniões de acompanhamento de processos são rápidas e, quando tenho mais tempo com a minha equipe, opto por ter conversas sobre o contexto de mundo e questões de desenvolvimento individual e coletivo.

É claro que dentro de uma equipe encontramos pessoas que foram condicionadas ao comando e controle e têm dificuldades para andarem sozinhas, assim como as que já estão preparadas para agir com maior autonomia e precisam apenas de espaço para darem saltos. Aqui, vale o nosso olhar atento sobre o nível de maturidade de cada um e como podemos ajudar a desenvolver essa autoconfiança individualmente. Quando eu falo que o líder precisa construir pontes dentro das empresas, isso inclui as necessárias para conectar os indivíduos às novas formas de atuação — nesse caso, com mais autonomia e empoderamento.

Digo aos membros de minhas equipes que eles podem começar a voar e me coloco como uma rede de proteção: se eles caírem, por qualquer motivo, farei a sustentação. Isso funciona e essa rede dificilmente precisará entrar em ação. Uma colega, diretora na empresa, lembra que, quando a tirei de uma zona de conforto e a desafiei a assumir uma nova função em uma nova área, foi essa rede de proteção que a encorajou. Disse que essa "rede psicológica" que eu lhe ofereci foi fundamental para que ela fizesse o movimento de mudança.

Posso citar inúmeras experiências de pessoas, na minha equipe, que foram desafiadas a agir fora do modelo de comando e controle e que apresentaram resultados surpreendentes — para elas e para a empresa. Além de manifestar essa real confiança no indivíduo, o líder também precisa ter a capacidade de colocar as pessoas certas no lugar certo — aqui é a tal da lente calibrada na leitura do ambiente. Isso nos leva, muitas vezes, a ver o potencial das pessoas antes mesmo delas o enxergarem.

Tenho uma outra colega que conta que, em duas ocasiões, eu acreditei nela antes dela mesma. Propiciei a segurança necessária para ela potencializar ainda mais as capacidades que eu havia identificado nela. A Charlene Li, em seu livro *Mindset da Disrupção*[24], fala da importância de o líder buscar pessoas com as habilidades certas para se engajar na sua causa. Eu vou além: observo a capacidade de execução, mas também o quanto os valores das pessoas condizem com os propósitos da empresa.

24. LI, Charlene. *Mindset da Disrupção*: por que algumas organizações se transformam e outras falham. Rio de Janeiro: Alta Books, 2019.

Ao não comandar e controlar, acabamos colhendo ganhos maravilhosos, em termos de potencialização das nossas equipes. Pode acreditar: dentro das nossas organizações temos uma quantidade enorme de energia represada. Se todos tivéssemos uma bateria, na medida em que vamos sendo inspirados, poderíamos conseguir uma carga máxima de energia entre 8 e 10. Infelizmente, os dados mostram que, normalmente, um terço das pessoas em nossas empresas operam com um baixo nível de engajamento, com uma carga entre 1 e 3. Na média, as equipes entregam entre 5 e 6 de sua potência máxima. Toda bateria pouco carregada é um potencial não aplicado no negócio ou em determinado processo.

Sempre é bom lembrar que pessoas se conectam com pessoas e entregam o seu potencial máximo quando veem um ganho. Na medida em que abrimos mão do comando e controle, e da hierarquia, facilitamos o ambiente para as conexões e as relações de confiança. O resultado não deixa de aparecer e, muitas vezes, é bastante superior. Acontece de uma forma mais leve, deixando as pessoas mais felizes.

Um alerta que faço sobre como inspirar pessoas e movimentos é não deixar o processo desandar para a bagunça. A colaboração entre os indivíduos deve ser algo que flui naturalmente, seja por desejos ou por convergência de propósitos. Mas, no final do dia, existe uma necessidade de ter uma colaboração coordenada.

Outro erro, lembrado pela Charlene Li, está em tentar controlar os movimentos, pois o sucesso deles está justamente na inspiração: "Quando inspiradas, as pessoas os tornam (os movimentos) sua missão pessoal, dedicam-se ao máximo, agem com mais rapidez e impulsionam um crescimento exponencial".

É muito prazeroso quando conseguimos abandonar os nossos "monstrinhos controladores" e permitimos que os membros das nossas equipes usufruam de liberdade e de autonomia. Posso garantir que coisas maravilhosas acabam surgindo, muito além daquelas que obteríamos num regime de controle. Onde existe essa predisposição do líder inspiracional, seja nas organizações, ou em qualquer outra entidade, acontecem coisas mágicas.

AS VANTAGENS EM SER UM LÍDER WAZE

Em certa ocasião, escrevi um artigo dizendo que os bons gestores precisavam repensar e reposicionar o seu papel o mais rápido possível, senão seus dias poderiam estar contados. Fui chamado de "profeta do apocalipse". Mas, realmente acredito que, em mercados mais disruptivos, os gestores tradicionais já tenham dificuldade para encontrar o seu espaço.

Gosto de fazer uma analogia do gestor tradicional como sendo um GPS (*Global Positioning System*), o sistema de posicionamento global por satélite, e os verdadeiros líderes como uma espécie de Waze. Este aplicativo de celular, de origem israelense, também usa o GPS, mas conta ainda com uma rede de colaboradores que fornece informações de trânsito em tempo real para os usuários.

Nós, como bons gestores, no dia a dia, acabamos sendo uma referência GPS para a nossa equipe: estamos sempre fornecendo as coordenadas para o que precisa ser feito. Já como líderes Waze, propiciamos constantemente uma troca de dados, oportunizando melhores condições para decisões em cenários mais complexos, como os da era digital. Identifiquei algumas diferenças interessantes entre os dois modelos de operação.

A primeira é em relação à tecnologia. Embora ambos usem a navegação por GPS, o Waze agrega também as atualizações da sua comunidade de usuários. Como líder, eu me atualizo diariamente com informações que vêm da minha rede, e preciso ter habilidades para usar todas essas conexões da melhor forma possível, em benefício de respostas mais inteligentes, mais baratas e mais rápidas. O gestor GPS acaba sendo atualizado de tempos em tempos; isso não dá agilidade ao processo. Costumo dizer que o ritmo de mudança das coisas está cada vez mais acelerado. O que, antes, acontecia em semanas, agora se dá em dias, o que acontecia em dias se passa em horas, as quais se transformam em minutos, e os minutos em segundos.

A segunda diferença está na definição dos caminhos futuros. O bom gestor, via de regra, tem o conhecimento, a atualização do GPS, com no máximo duas alternativas de caminho. Ao optar por um deles, qualquer imprevisto no trajeto só será identificado visualmente, quando será preciso recalculá-lo, num processo muito lento. O sistema Waze, como há várias pessoas transitando pelo mesmo caminho, ao apontar a melhor opção, não fica rígido e pode alterá-lo de acordo com as atualizações da rede. Essa é uma diferença gritante, pois seria impossível eu fazer isso se precisasse centralizar o conhecimento, ter todas as respostas. Eu, como líder, consigo apontar o melhor caminho, mas tenho flexibilidade, além de uma comunidade que me abastece de informações a todo o momento para revisitar o trajeto.

A terceira diferença está em como se dá a aprendizagem. No caso do gestor GPS, eu preciso atualizar o software manualmente, como se fizesse um MBA, e voltasse para reciclar os membros da equipe com o novo conhecimento. Já no caso do líder Waze, a aprendizagem acontece a todo o momento — posso aprender e desaprender repetidamente, é um processo que não depende só de mim. Como no exemplo do gestor GPS, a rota é recalculada a cada obstáculo encontrado, o aprendizado acontece na medida em que vou me deparando com os problemas. O líder verdadeiro tem que tentar se antecipar aos obstáculos, e não tem como fazer isso sozinho — precisa confiar na rede, tanto para receber como para disponibilizar informações.

A lógica de pensamento também é diferente entre os dois modelos. Os bons gestores ainda estão na mentalidade da escassez, na qual a pessoa tem que ter determinado conhecimento, e isso lhe dá um diferencial dentro da hierarquia da empresa. Na lógica da abundância, o líder entende que os dados que fornece poderão lhe ajudar no futuro, assim, reporta ao sistema qualquer obstáculo encontrado na via. Isso exige uma mentalidade diferente, de não olhar só o próprio problema e ajudar só a sua organização, mas também impactar o ecossistema.

Outra questão importante é o estabelecimento da confiança em um cenário de incertezas. Enquanto no gestor GPS a confiança está centrada no especialista, no líder Waze ela se distribui pelos membros da rede e da plataforma. Hoje, tornou-se muito importante para as empresas criarem um ambiente onde as pessoas possam ousar, sentir menos medo do erro. Mas, para isso acontecer, é fundamental aumentar a relação de confiança.

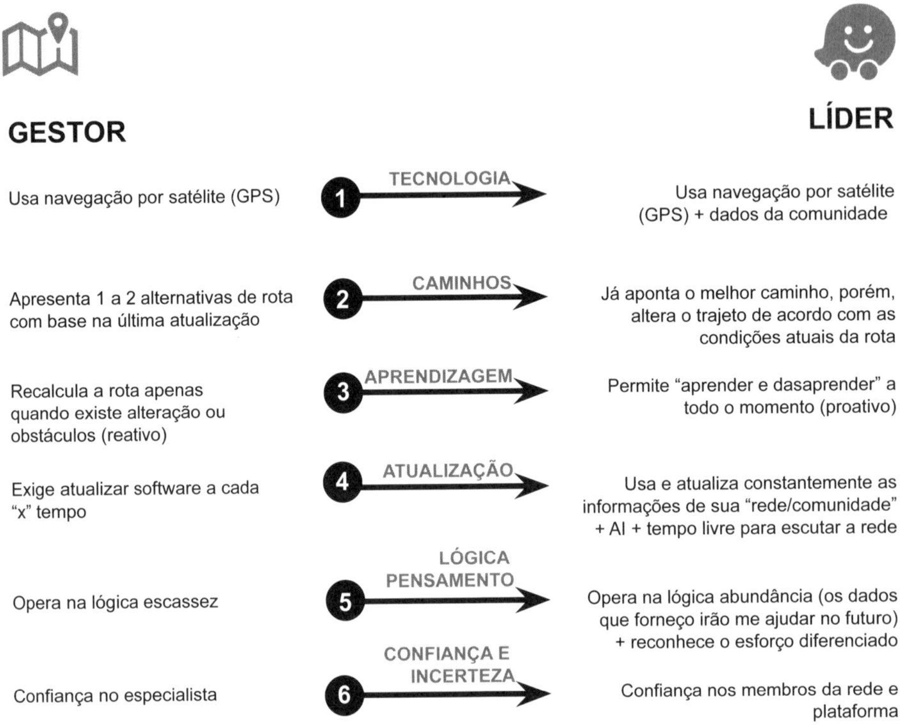

Fonte: o autor

Fig.9 - O gestor GPS X O líder Waze

Quando olho para as diferenças entre ser um gestor GPS ou um líder Waze, acredito que podemos ser os dois. O que precisamos é realizar a inversão do tempo que dedicamos às atividades de gestão e controle de processos (sendo um gestor GPS) com os esforços para inspirar e influenciar pessoas e movimentos (sendo um líder Waze). A nossa jornada como líderes transformacionais é fazer com que as novas tecnologias que vão sendo incorporadas facilitem os processos de microgerenciamento e nos liberem mais tempo para dialogar com a equipe.

NA DÚVIDA, A AMBIDESTRIA É A MELHOR ESCOLHA

Vivo uma dualidade dentro das organizações onde atuo. Enquanto vice-presidente executivo e COO (*Chief Operating Officer*), preciso tomar decisões, e as pessoas esperam que eu tenha todas as respostas. Mas eu também, em determinados momentos, ocupo posições dentro de um grupo de trabalho no qual sou mais um componente operando em uma rede. É outro tipo de comportamento, em que aprendo com os outros, posso fazer mais perguntas do que oferecer respostas, ousar e errar mais, pois o ambiente é mais favorável para isso.

Neste momento de transição, eu preciso, como executivo, alternar essas posições frequentemente, e tudo bem. O importante é eu ter em mente que posso utilizar muito da tradicional posição de comando e controle para abrir portas e remover barreiras para alavancar a mudança da organização como um todo. Essa ambidestria é uma competência fundamental a ser desenvolvida pelo líder transformacional.

Fig.10 - O líder ambidestro

Precisamos dar conta tanto do mundo mais tradicional — que banca os nossos negócios atuais — quanto do mundo novo — que devemos planejar e construir para o futuro. O papel do líder ambidestro é o de construir pontes entre esses dois mundos. Não podemos ficar olhando apenas para o cenário atual, onde o negócio está colocado, mas também não podemos descuidar dele, porque corremos o risco de não conseguirmos financiar a mudança para a sobrevivência futura.

A Charlene Li descreve bem esse ambiente, onde precisamos exercitar a ambidestria como líderes. "A inovação disruptiva é muito difícil, porque abala o status quo e altera as relações de poder. Ela exige que não nos acomodemos com o presente, já estruturado, e, em vez disso, aceitemos o compromisso de buscar um futuro radicalmente diferente — e melhor." Tudo isso acontece dentro de um mesmo ambiente, com diferentes cabeças interagindo. Existem as cabeças mais abertas, as mais fechadas, as que já têm uma melhor compreensão e clareza desse futuro, e as que não têm a menor noção do que está acontecendo. É a nossa capacidade de agir com ambidestria na liderança que vai fazer toda a diferença no processo de transformação.

QUADRO PARA REFLEXÃO — O GESTOR DO PASSADO X O LÍDER DO FUTURO

Dentro do processo de transformação profunda a que estamos expostos, fica cada vez mais evidente a necessidade de abandonamos a nossa atuação como gestores do passado para nos tornarmos os líderes do futuro, aqueles que inspiram e influenciam pessoas e movimentos. Aqui, aponto algumas diferenças básicas entre um modelo e outro, segundo a nova lógica de pensar, de agir e de entregar resultados nas organizações. O que se prega, basicamente, é o resgate da essência da liderança.

	GESTOR	LÍDER
Lógica de pensamento	Escassez — o protagonismo está nos resultados da minha organização.	Abundância — o protagonismo está no resultado coletivo e no propósito.
Forma de atuação	Direciona o caminho para os membros de sua equipe. Foco em comando e controle.	Cocria caminhos junto aos membros da equipe e do ecossistema. Foco em inspirar e influenciar pessoas e movimentos.
Poder	Está no conhecimento e na capacidade de dar respostas.	Está na capacidade de construir redes e fazer as perguntas corretas.
Indicador de sucesso	Entrega de resultados e criação de seguidores.	Criação de novos líderes e impacto positivo de suas ações e equipes.
Visão de futuro	Estabelece um caminho, prioriza e direciona as ações.	Cria narrativas e ajuda a construir uma clareza de direção a todos.

Fig.11 - As diferenças entre o gestor e o líder (Fonte: o autor)

CAPÍTULO 3

COMO INICIAR A TRANSFORMAÇÃO NA SUA ORGANIZAÇÃO

A transformação digital representa, antes de tudo, uma nova forma de trabalho dentro das organizações, permitindo melhores condições de acompanhar as tecnologias exponenciais que estão surgindo. Por isso, o primeiro movimento rumo à transformação passa pelo olhar sobre as pessoas e sobre os traços de cultura da organização, que resultam dos comportamentos individuais e coletivos. A tecnologia será um instrumento para acelerar o processo. É preciso ter em mente que a transformação cultural vem antes da digital.

Independentemente do porte da sua empresa — pequena, média ou grande —, a transformação vai começar de dentro para fora. Em um segundo momento, é o movimento de fora para dentro que vai ser um fator de aceleração. Ou seja, o contexto externo é o grande estímulo para a mudança, mas a organização precisa estar apta para se beneficiar dessas conexões com o novo. À medida que a empresa conseguir sincronizar o seu movimento de dentro com o que está fora, plugando-se a ele, ela acelera e muito o seu processo interno — e vice-versa. A área de RH deverá ser cada vez mais atuante, para fazer as leituras corretas de pessoas e da cultura. É preciso entender qual é o ponto de partida de cada empresa e qual é o ponto de chegada almejado. E, a partir deles, ponderar o que pode ser mantido, ou o que precisa ser alterado.

Gosto muito de contar uma história que me inspirou na questão de transformação de cultura. É a da Microsoft, a gigante da era digital, que também precisou fazer a sua transformação. Em 2014, o indiano Satya Nadella assumiu como CEO (*Chief Executive Officer*) da Microsoft, sucedendo Steve Ballmer. Engenheiro, Nadella estava há mais de vinte anos na Microsoft, liderando projetos fortemente concentrados em tecnologia, como os de computação em nuvem. Competindo com outras gigantes do mundo digital, como Amazon e Google, a Microsoft vinha há oito anos perdendo participação de mercado, embora as suas ações ainda mantivessem a rentabilidade. O fato de a empresa continuar sendo rentável havia deixado os seus executivos em uma zona de conforto.

Ao tomar a frente da Microsof, Nadella promoveu uma mudança de cultura na empresa, de reforço do seu propósito, que ele define como sendo o fornecimento de ferramentas para ajudar os outros a criar mais tecnologias. No seu livro *Aperte o F5: a transformação da Microsoft e a busca de um futuro melhor para todos*[25], Nadella salienta: "O que eu percebo, mais do que nunca, como líder, é que o meu

25. NADELLA, Satya. *Aperte o F5*: a transformação da Microsoft e a busca de um futuro melhor para todos. São Paulo: Benvirá, 2018.

trabalho é a curadoria da nossa cultura. Se você não se concentrar em criar uma cultura que permita às pessoas fazerem o seu melhor trabalho, então você não criou nada."

Essa constatação de Nadella, na liderança de uma gigante da área de tecnologia, é muito poderosa para mim. A Microsoft, assim como tantas outras empresas, também conduziu a sua mudança com base nas pessoas e nos traços de cultura. Percebeu que, para dar velocidade à sua transformação digital, a competência de inspirar e influenciar pessoas e movimentos era fundamental. Hoje, a Microsoft rivaliza com a Apple na primeira posição entre as companhias com maior valor de mercado do mundo — quase US$2,3 trilhões, conforme o Companies by Market Cap[26].

O recado que fica é que, se a sua empresa pretende embarcar na transformação digital, deve focar antes de tudo no seu pessoal interno. Sempre é bom lembrar: as organizações não mudam, quem mudam são as pessoas. E a tecnologia sozinha também não inova, são as pessoas que inovam. Enquanto isso não estiver claro, você corre o risco de continuar investindo em máquinas, tecnologias e consultorias — sem sucesso. Além disso, a empresa poderá perder as pessoas que realmente fariam a sua transformação, que abandonarão o barco por não encontrar conexão de propósitos.

Quando o assunto são as pessoas envolvidas na transformação de uma empresa tradicional, consigo identificar três questões fundamentais para o sucesso da empreitada. A primeira é a nossa transformação como liderança, buscando novas competências e estratégias, além de trabalhar a ansiedade.

Em seguida, destaco a importância da alta administração declarar que quer mudar. Ela não precisa saber como fazer, mas deve apadrinhar e dedicar tempo e dinheiro para a causa. No *case* de

26. Disponível em: <https://companiesmarketcap.com/>. Acesso em: 7 fev. 2022.

transformação da Randoncorp, que vou contar no capítulo 4, fica clara a importância do aceno positivo do seu presidente, Daniel Randon, para que o processo acontecesse. Foi ele quem deu todas as condições para a equipe ousar e trazer resultados.

Antigamente, era fundamental que as mudanças em uma organização acontecessem de cima para baixo. Isso continua sendo muito importante, e se tiver o apoio do número um da empresa, é o melhor dos mundos. Mas, hoje, as mudanças também podem acontecer de baixo para cima, do meio para os lados e dos lados para o meio.

Por último, considero imprescindível identificar as pessoas na organização que não aguentam mais o modelo vigente. Geralmente, são os indivíduos mais inquietos e curiosos, que estão apenas esperando uma chance para exercitar o novo. É com eles que vamos começar a mudança.

A CULTURA COMO PRIORIDADE

Mas o que é essa transformação de cultura, que aqui colocamos como o início da jornada de qualquer transformação digital? Uma empresa é formada por pessoas, que geram comportamentos individuais e coletivos, além de sistemas, processos e rituais. Isso ajuda a explicar quem é a organização, o que ela pensa, como age e o que prioriza. Com base nessa fotografia e no entendimento do cenário futuro, vem a percepção do quanto a empresa está preparada para a transformação, que não se dará do dia para a noite. A partir daí é que se começa a implementar ações que modificarão o status quo da organização. Entre elas, estão mudanças de sistemas, de comportamentos individuais e coletivos e de símbolos e rituais. É uma jornada de vai e volta, quase uma espiral, pois quando se acha que está tudo resolvido, aparece uma coisa nova.

Um excelente ponto de partida para se iniciar um processo de transformação é identificar quais são os princípios e valores que nortearam a história da organização. Praticamente, todas as empresas de sucesso são fruto de atitudes ousadas, de uma alta carga de empreendedorismo e de muita inovação ao longo de sua trajetória. O que muda agora é a forma como tudo isso deve ser reorganizado, que ganha outra velocidade e intensidade para se adequar ao novo contexto.

A Carolyn Taylor, no livro *Walking the Talk: a cultura através do exemplo*[27], sugere que uma das formas de se materializar a mudança de cultura, dentro de uma organização, é focar em três pilares. O primeiro é estabelecendo novos sistemas e processos internos, que valorizem o que queremos reforçar ou que alterem o que não serve mais. O segundo é o que modifica o comportamento dos indivíduos e as relações entre eles, e, o último, passa pela mudança de rituais internos, que irão comunicar e simbolizar o caminho que iremos seguir.

---

27. TAYLOR, Carolyn. *Walking the Talk*: a cultura através do exemplo. Rio de Janeiro: Publit, 2014.

Fonte: o autor

Fig.12 - Forças propulsoras X Forças restritivas

Taylor fala em identificar as forças propulsoras, que estimulam as pessoas a se comportarem de acordo com os princípios e a visão de futuro, e as forças restritivas, que as estimulam a agirem de forma divergente. Por exemplo, se um dos traços da cultura da empresa é o orgulho das pessoas de trabalharem nela, de forma colaborativa, com sentimento de pertencimento, isso é ótimo. Esses traços precisam ser reforçados, pois conversam 100% com os cenários de um futuro mais acelerado e complexo. Por outro lado, se na sua empresa existe a cultura do medo, não haverá inovação, que exige cada vez mais o experimentar, o ousar e até o errar — e, por muito tempo, fomos punidos pelo erro. Assim como não há mais lugar para trabalhos fragmentados, em divisões e silos, estruturas hierárquicas e jogos de poder, há valores que precisam ser ressignificados.

Aqui, é importante reforçar que cada um deve fazer a sua parte. A empresa entrará com seus 50%, respondendo pelas mudanças estruturais que permitirão essa evolução. Os 50% restantes dependerão do esforço individual, de desapego aos modelos de gestão do século passado, para a mudança acontecer.

É importante ainda ter em mente que, em todo o processo de mudança, serão encontrados grupos com diferentes níveis de entendimento dentro da organização. Há o grupo A, que já está pronto, esperando apenas um sinal para começar a se mexer; enquanto o B ainda está se questionando se o processo é realmente importante e se deve embarcar nele. Já o grupo C não sabe como poderá partir para o novo, quando ainda está com dificuldades de se manter no sistema atual; e, por último, tem o grupo D, que não tem qualquer noção do que está acontecendo. Por isso, a comunicação precisa ser estratégica, para nivelar o conhecimento durante o processo de mudança.

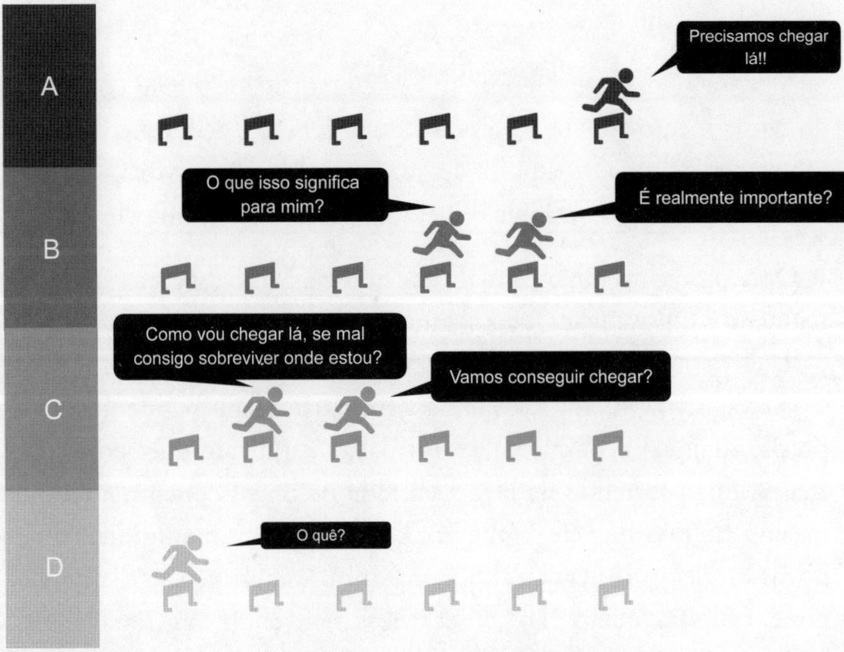

Fonte: o autor

Fig.13 - O entendimento é desigual

Para melhor ilustrar o que seria um processo de transformação de cultura, faço uma analogia com as tomadas. Como se nas organizações mais tradicionais ainda encontrássemos as tomadas de dois furos, do sistema antigo no Brasil, e todas as novas demandas da era digital viessem com os três pinos do padrão brasileiro atual. Assim, tudo o que surge de novo acaba necessitando de um adaptador para ser plugado ao sistema tradicional. Por um tempo, conseguimos ir rodando com o adaptador, mas a transformação de cultura só vai acontecer, efetivamente, quando não precisarmos mais usar o adaptador, quando todas as tomadas na organização já tiverem sido trocadas.

Embora a transformação digital e cultural seja um caminho sem volta, a pergunta que fica é: por que algumas organizações ainda resistem ou protelam os primeiros movimentos em direção a isso? Eu me atrevo a dizer que o gatilho para a mudança envolve três perspectivas diferentes.

A primeira delas se refere ao nível de maturidade digital encontrado no segmento em que a empresa está inserida. Quanto mais próximo estiver de uma disrupção, de virar de cabeça para baixo, maior é a maturidade digital exigida das empresas que estiverem nele.

De acordo com um estudo da consultoria McKinsey, em 2020, os segmentos que estavam mais avançados digitalmente no Brasil eram o de telecomunicações, mídia e tecnologia, o de serviços financeiros e o varejo. Para as empresas que fazem parte desses segmentos, não precisa mais explicar que a transformação é um caminho sem volta. Elas já estão sofrendo na pele a entrada de novos concorrentes, até mesmo de fora do seu segmento, como também o surgimento de novos modelos de negócios, que matam os anteriores do dia para a noite. Ou seja, quem não começar a se reinventar, imediatamente, está fora do jogo. No caso da indústria de uma forma geral, que ainda não está no olho do furacão, o sentimento é de que, se não for agora, ainda dará tempo para se transformar. O que não dá para precisar é que tempo é esse, por isso, é melhor se antecipar.

A segunda perspectiva depende do olhar de quem está à frente do processo. Aqui me refiro às novas gerações, como a Y e Z, que já entram nas empresas com uma mentalidade diferente. Mas também já observamos muitos representantes das geraçõese *baby boomers*, que estão conseguindo se adaptar ao novo contexto, revisitando o seu modelo e o seu modo de pensar. Assim, independentemente da geração, as pessoas já buscam empresas que deem vazão aos seus novos anseios, e que isso seja um processo de ganha-ganha. Então, mudar pode ser uma questão estratégica para atrair e reter esses talentos.

A terceira perspectiva para a mudança está muito ligada à lógica da escassez, ainda vigente em muitas organizações tradicionais. É dentro dessa lógica que a maior parte dos líderes e gestores foram treinados. E todas as novas demandas já estão surgindo sob a lógica da abundância, que ainda precisa ser entendida na prática. Enquanto a nova lógica não for assimilada, não haverá espaço para a transformação.

PILOTANDO A TRÍADE TRANSFORMACIONAL

Sem ser piloto, e sem ter qualquer conhecimento de navegação aérea, é dentro de uma cabine de avião que eu, como líder, me sinto ao conduzir o processo de transformação cultural e digital de uma empresa tradicional, da velha economia. Há uma porção de botões para acionar e um monte de variáveis a serem consideradas. É um sistema complexo e eu sou convidado, hipoteticamente, a colocar o avião no ar, sem nunca ninguém ter me ensinado a pilotar. Assim como ninguém me treinou para ser um líder transformacional, para inspirar e influenciar pessoas e movimentos, criar narrativas ou operar sob a lógica da abundância. O aprendizado acontece em pleno voo, com os seus riscos e as suas vantagens.

A minha experiência dos últimos anos, na empresa e entidades onde atuo, já me permite eleger três botões para serem priorizados na decolagem rumo à mudança. O primeiro botão é o que vai ressignificar o conceito de inovação na organização, colocando o assunto na pauta de todos. O segundo é o que se propõe a mexer na arquitetura organizacional, deixando as empresas, senão mais horizontais, mais colaborativas, operando mais em redes. O último botão é o de resgate da essência da liderança nos nossos gestores, aquela que envolve competências como a de inspirar, influenciar e potencializar ao máximo as equipes.

Fonte: o autor

Fig.14 - Por onde começar a mudança

A INOVAÇÃO É PARA TODOS

Quando chego em uma organização, pergunto quem é o responsável pela inovação e recebo uma resposta — seja um nome ou departamento —, isso é um indício de que ali ainda tem um importante dever de casa a ser feito. Eu tenho cunhado a frase: "A inovação não pode ter nome, sobrenome ou departamento em nossas organizações." Por muito tempo — e ainda é muito comum —, as empresas dispuseram de uma área dedicada ao desenvolvimento de novos produtos e soluções. O foco da inovação geralmente estava concentrado no seu *core business*, na geração de produtos, serviços e tecnologias que são o diferencial para o negócio. Esse raciocínio vai ao encontro da lógica da escassez, do ambiente de competição. E a inovação, estamos aprendendo, fecunda na lógica da abundância.

A minha própria posição como CTO (*Chief Technology Officer*) poderia parecer uma contradição, afinal, a função remete aos processos de aceleração da inovação dentro da organização. Mas não é. O meu papel era o de ser um grande orquestrador dos movimentos de transformação; o protagonismo não estava em mim, mas na inovação gerada. As empresas grandes, tradicionais, ainda precisam de alguém numa posição de poder, no modelo antigo, para articular, abrir portas e remover barreiras para a inovação acontecer transversalmente. Mas o papel de um CTO deve sempre ser provisório — o sucesso do seu trabalho passa por eliminá-lo.

A necessidade agora é a de se ressignificar e democratizar a inovação para 100% dos membros da organização, uma vez que ela resulta da conexão de várias cabeças, cada uma entregando as suas competências. Aqui, vale dizer que a inovação nem sempre precisa ser disruptiva; ela pode ser incremental, pois envolve toda e qualquer pequena melhoria promovida, seja na área administrativa ou de produto. O novo entendimento é que a inovação não deve estar apenas no *core business*, mas em todas as etapas da cadeia, seja no abastecimento, no processo produtivo, no marketing, na venda ou na distribuição do produto. Quando eu mexo em um sistema ou processo, que impacta fortemente a cultura da empresa, isso também é inovação.

Por isso, é importante que todos se sintam motivados a dar a sua contribuição e passem a ser protagonistas do processo de inovação. A cultura da inovação deve ser desenvolvida nas atitudes diárias. O meu amigo consultor, Dado Schneider, lembra que inovar não significa ter que criar um iPhone, ou mandar o homem para Marte, mas propor uma simples melhora em um processo, dentro de um departamento da empresa. "Inovação não é uma ideia genial, mas é uma boa ideia colocada em prática. O que mais existe é gente colocando fora boas ideias, por falta de coragem de aplicá-las", diz. Aqui, volta novamente a questão do medo de ousar, de errar, que não combina com ambientes de inovação.

A ARQUITETURA ORGANIZACIONAL PRECISA SER REDESENHADA

O segundo botão que eu elegi para ser acionado, dentro da hipotética cabine de comando do avião, é bastante polêmico. Ele mexe com a estrutura hierárquica das organizações, com o poder. É preciso pensar em uma nova forma de organização que comece a abandonar o modelo piramidal de comando e controle, uma vez que falamos cada vez mais da necessidade de um trabalho colaborativo, em redes — um desenho no extremo oposto.

As estruturas pesadas e tradicionais, de comando e controle, nas quais eu aprendi a operar, têm uma razão de ser. Elas oferecem uma alta capacidade de execução — não à toa, foram inspiradas no regime militar norte-americano. Na medida em que eu faço a segmentação, com cada um respondendo por uma parte, tento diminuir a variação do processo ao máximo possível. E, por meio de comando e controle pesado, eu consigo agir rapidamente, sempre que algo adverso ocorrer. Isso está errado? Não, existem momentos, em processos mais simples ou complicados, em que é preciso ter receitas, aplicar essa estrutura para, de maneira ágil, corrigir erros e fazer acontecer. Então, o comando e controle foi criado para evitar o desvio, as falhas, e gerar o resultado esperado — em questões simples ou complicadas.

No contexto complexo em que nos encontramos, que exige um nível de inovação mais transformacional do que apenas incremental, o modelo em redes funciona melhor. É ele, por meio da soma de várias cabeças, que apresenta uma capacidade de entrega maior nesta complexidade. Aqui, a questão de poder, de ego e de vaidades fica de lado. A hierarquia deixa de ser o mais importante; o que prevalecerá será a competência de cada um para a entrega, dentro do desafio comum. É preciso uma grande dose de desapego, principalmente de nós, executivos mais seniores, que já acumulamos mimos e regalias por termos alcançado altas posições no modelo antigo.

Uma vez que as estruturas hierárquicas e verticais, de comando e controle, têm maior capacidade de execução, enquanto as horizontais, mais próximas das operações em redes, são mais propensas à inovação, o melhor é conviver com as duas. Quando for conveniente, abrimos mão de uma, ou da outra.

É preciso continuar utilizando a capacidade de execução das estruturas verticais, mas também somar a operação em redes, que permite uma maior inovação, principalmente em empresas mais tradicionais. Aqui entra a habilidade de ambidestria da liderança, de transitar nesses dois ambientes, como me referi no capítulo 2. Eu passo a usar o poder, que adquiri na estrutura hierárquica, para abrir portas e remover barreiras, facilitando o trabalho de inovação em redes.

Num primeiro momento, minha sugestão é reorganizar o modelo vigente. Ao fazer uma análise das estruturas organizacionais, encontramos sistemas totalmente sob comando e controle, operações já descentralizadas e as que funcionam em redes distribuídas. Em comum, elas possuem a mesma quantidade de recursos financeiros e de pessoas; o que difere é a sua organização. Na centralizada, tudo passa por um ponto focal, dentro da lógica da escassez, no qual o poder está em dar as respostas e existe um detentor do conhecimento. Esse modelo funciona em muitas empresas, que são lucrativas, mas, via de regra, acabam sendo engessadas e não valorizam a diversidade.

A operação descentralizada já é uma evolução: ainda conta com um ponto central de comando e controle, mas já existem diversas outras instâncias para a tomada de decisões. Esse é o modelo ainda predominante nas organizações tradicionais, porém continua dentro do comando e controle. Nele, o crescimento na hierarquia se dá pelo conhecimento individual, o que facilita a criação de silos e feudos, acirrando a competição interna, o que não combina com o novo contexto.

No terceiro modelo, o de redes distribuídas, quase todos os pontos se conectam mutuamente, promovendo a troca de conhecimentos. Quando eu recomendo a reorganização da estrutura, sugiro descentralizar, se ainda for centralizada. Ou, se já descentralizada, partir gradualmente para um sistema híbrido, incorporando ações em redes, para não entrar em confronto direto com o modelo vigente. E, quando possível, migrar totalmente para a operação em redes.

A velocidade do processo migratório, de um modelo de estrutura para outro, vai depender muito da] do segmento em que a empresa se encontra. Se ele estiver em um nível de disrupção acelerado, como o de telecomunicações ou o de serviços financeiros, a operação em redes distribuídas é uma questão de sobrevivência para ser competitivo. Já em outros segmentos, como a indústria pesada, há um tempo um pouco maior, mas vai chegar a hora deles também, e é melhor agir para evitar a dor.

Gradativamente, é possível começar a enfraquecer o modelo de hierarquia e fortalecer a operação em redes de uma forma menos dolorosa. Atualmente, desenvolvo um projeto dentro da área de serviços financeiros que já está no seu ponto de inflexão. Se eu não tiver um modelo de arquitetura que tenha a capacidade de responder rapidamente às dores dos meus clientes, serei atropelado por alguém no mercado que terá essa condição. Por isso, se a sua empresa ainda não está com a água no pescoço, mesmo assim, é importante dar as primeiras braçadas.

Um último argumento, para as empresas se convencerem de que o modelo hierarquizado de comando e controle precisa ser deixado para trás, está nos talentos que pretendem atrair para tocar os seus negócios. As novas gerações já estão deixando claro que não aceitarão mais operar dessa forma, pois buscam outra relação de trabalho e de empoderamento. As organizações que ainda não perceberam esses sinais encontrarão dificuldades para montar as suas equipes. Tempos atrás, eu escrevi um artigo provocativo dizendo que, no futuro, as pessoas é que contratarão as empresas. Assim, se as organizações não modificarem as suas estruturas hierárquicas, adequando-se aos anseios das novas gerações, não conseguirão conquistá-las.

Por um bom tempo, as organizações, principalmente as mais tradicionais, conviverão com os dois modelos. Ainda é preciso manter a capacidade de execução das estruturas verticais, mas também é necessário adicionar a capacidade de inovação facilitada pelas redes. Por isso, falamos tanto em transformar os gestores, acostumados a estruturas hierárquicas, em verdadeiros líderes que desenvolvam as competências necessárias para administrar essa dualidade. Ora se sentam em posições hierárquicas, ora operam em redes.

ESTRUTURA DUAL
de John Kotter

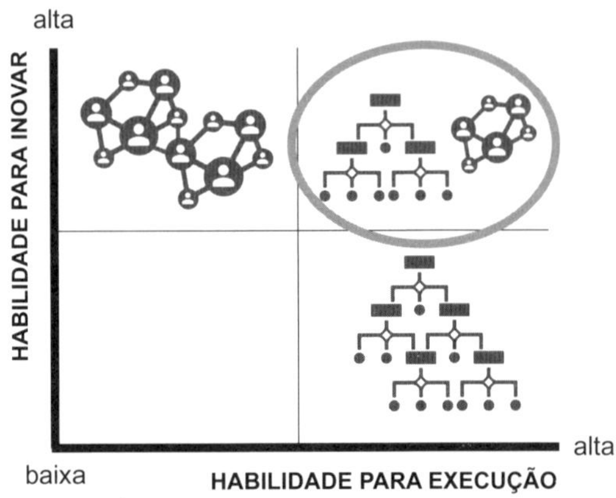

Fonte: John Kotter

Fig.15 - InovaçãoCxecução

É FUNDAMENTAL RESGATAR A ESSÊNCIA DA LIDERANÇA

O último dos três botões, que eu decidi priorizar na decolagem, é o que vai resgatar a essência da liderança nas empresas. Nunca tivemos tanta necessidade de fazer aflorar os verdadeiros líderes da casa. Tenho insistido que é hora de abandonar o modelo de bons gestores; o momento exige líderes que acumulem competências imprescindíveis neste cenário de transformação — conseguindo inspirar, influenciar e desenvolver as pessoas em suas potencialidades máximas. Se as novas tecnologias estão cada vez mais disponíveis, o diferencial estará no uso que fizermos delas, e isso se dá, fundamentalmente, pelas pessoas — que estão no centro dessa transformação e precisam ser estimuladas.

O consultor Daniel Levy observa que o momento também é o de ressignificar o papel do ser humano; é por isso que se usa tanto o termo "humanizar as empresas". Ele lembra que, desde a Revolução Industrial, quem se destacava nas organizações eram as pessoas que conseguiam operar as máquinas e ter o conhecimento necessário para gerar os processos produtivos. "As pessoas eram usadas como recursos humanos, e não no seu puro potencial, com sentimentos e ideias. Agora, começamos a incluir esse ser integral, não queremos só o braço ou a cabeça dele para operar as máquinas."

A liderança a que nos referimos, na sua essência, é aquela que pega pela mão e constrói as pontes entre os propósitos individuais e os das empresas, aumentando o engajamento das equipes. Ela cria narrativas, inspirando e influenciando os movimentos de mudança. E acaba sendo um importante ímã de atração e retenção de talentos. A maior parte das funções dos gestores, nos moldes que aprendemos no século passado, será suportada pelas novas tecnologias, que funcionarão de forma mais assertiva e com menor custo. Sobrará, assim, mais tempo e espaço para os verdadeiros líderes aflorarem.

No capítulo anterior, eu contei como estou conseguindo abandonar o meu perfil de gestor, conquistado em quase três décadas de carreira, para me tornar um líder transformacional. Antes de tudo, precisei me libertar de uma série de crenças e certezas, que acumulei sobre tudo e todos, e adquirir novas competências e estratégias. Consegui fazer a inversão de minha agenda, em que mais de 60% do meu tempo é dedicado às pessoas, reduzindo ao máximo as atividades de controle de processos. Quando vejo um gestor ocupando quase todo o seu tempo em apagar incêndios, desperdiçando preciosas chances para inspirar e influenciar pessoas e movimentos, isso me machuca demais. Ele está perdendo uma grande oportunidade de fazer a diferença.

Além de promover o resgate da essência da liderança, é importante também identificarmos os intraempreendedores, os líderes não formais, que temos dentro de casa, e as pessoas de alto potencial espalhadas em todos os níveis da organização. São elas que nos ajudarão a dar os primeiros passos no processo de transformação. Geralmente, já contamos com a maior parte das pessoas necessárias para transformar uma empresa, dentro de seus muros. Muitas vezes, desempenhando funções de baixo impacto e prestes a deixar a empresa por falta de oportunidade para se revelarem. Por isso, é importante, antes de sair contratando pessoas de fora para fazer a mudança, identificar e abrir espaço para os empreendedores adormecidos dentro de casa.

Em vez de a empresa buscar apenas conexões com *startups* ou ecossistemas de inovação, tem que se perguntar por que os seus intraempreendedores não conseguem abrir as suas *startups* dentro de casa. Ou você tem dúvidas de que abrir *startups* dentro de uma empresa já estabelecida, com a quantidade de conhecimento e recursos disponíveis, teria muito mais condições de sucesso do que os que estão começando a inovar nas garagens? Precisamos nos dar conta disso e começar a reorganizar os recursos de um jeito diferente.

Há um outro grupo, a ser observado nas empresas, que é o formado por pessoas de alto potencial e impacto, que não necessariamente fazem parte da liderança formal ou dos intraempreendedores que mencionamos acima. Alguns estudos apontam que 2% dos talentos de toda a organização impactam em 98% os seus resultados futuros. Eles também precisam ser mapeados e incentivados a continuar gerando impactos positivos.

Sempre digo que, no início, a transformação digital está menos relacionada ao CNPJ e mais aos CPFs. As pessoas de alto impacto na organização, somadas aos empreendedores dentro dela e aos gestores que podem se tornar verdadeiros líderes, formam um grupo muito poderoso para dar os primeiros passos ou acelerar o processo de transformação. Eles precisam ser identificados e potencializados.

OS DOIS MODOS DE OPERAÇÃO

Partindo do princípio de que a inovação disruptiva raramente virá do status quo, e que são os negócios atuais das empresas mais tradicionais que deverão bancar os movimentos exploratórios, surge a ambidestria organizacional. Para traduzir como essa estratégia funciona, na prática, eu desenvolvi dois modos de operação para uma organização que está se transformando. O papel da liderança, aqui, será fundamental. Ela vai precisar alternar a sua atuação entre dois contextos distintos.

O Modo 1 representa o negócio já estabelecido, em que as tecnologias já são dominadas e a evolução acontece de forma mais incremental. É quando a empresa tem certa segurança e paga as suas contas. Além disso, é o seu resultado que permitirá olhar para inovações futuras.

O Modo 2 de operação é o que está focado em novos modelos de negócios, mais disruptivos, ou até mesmo que possam vir a substituir o Modo 1. Ele se apresenta em uma linguagem diferente, com tecnologias exponenciais e convergentes — um campo de atuação que ainda não é dominado. Muitas vezes, o Modo 2 é visto como uma distração, porque, como se está sempre correndo atrás do resultado da operação principal, sobrará pouco tempo e recursos para ele.

O Modo 1 remete às empresas da velha economia, nascidas no século passado, que competem em negócios maduros em que a inovação é gerada de forma incremental, com os conhecimentos acumulados nela mesma. Já o Modo 2 são empresas da nova economia, que disputam mercados que estão passando por uma disrupção acelerada e exigem experimentação e exploração de novos recursos e tecnologias. Uma operação é praticamente a antítese da outra.

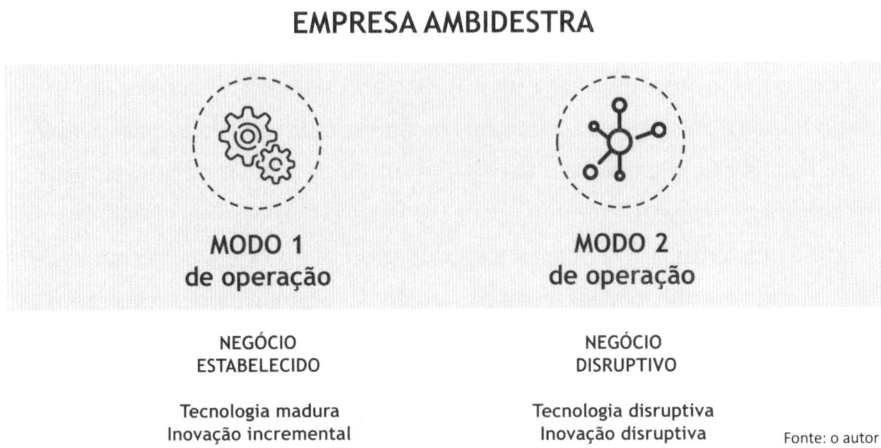

Fig.16 - Modo 1 X Modo 2

Em um processo de transformação, teremos esses dois modelos de operação convivendo no mesmo ambiente, e o papel da liderança é o de construir as pontes entre eles. Em seu livro *O Dilema da Inovação*[28], Clayton M. Christensen escreveu: "Os líderes devem ajudar as suas organizações a competir em negócios maduros, que são a fonte dos recursos atuais, aproveitando ativos e recursos existentes, enquanto se preparam para mercados futuros."

Eu, como líder, preciso abrir espaço na minha agenda para estimular iniciativas do Modo 2 de operação e conseguir investimentos para o seu desenvolvimento. Há um entendimento de que a alocação de capital para as unidades exploratórias é invariavelmente mais incerta do que os retornos que podem ser obtidos pelo reinvestimento no negócio existente. Esse é um dos principais desafios que tenho vivido. Isso porque a mensuração do retorno do investimento em uma *startup*, por exemplo, precisa ser totalmente diferente da observada no negócio maduro.

28. CHRISTENSEN, Clayton M. *O Dilema da Inovação*: quando as novas tecnologias levam empresas ao fracasso. São Paulo: M.Books, 2011.

No caso do relacionamento com uma *startup*, enquanto o Modo 1 ainda a enxerga como uma fornecedora de determinada solução, o Modo 2 já a considera uma grande parceira para alavancar novos modelos de negócios e chegar mais rápido ao mercado. É a ambidestria que vai facilitar também o funcionamento das células exploratórias de inovação, entendendo a importância de separá-las da organização-mãe e simplificando a tramitação de suas demandas. O sucesso de uma empresa ambidestra é alcançado quando ela é capaz de competir tanto em negócios maduros quanto em novos.

Além disso, consegue aproveitar os ativos e conhecimentos existentes e aplicá-los na exploração e criação de novos. O importante é sempre ter em mente que as duas operações, o Modo 1 e o Modo 2, precisarão conviver por um tempo na organização — até, quem sabe, dar lugar a um Modo 3, quando não haverá mais a distinção entre uma e outra. Nesse ponto, o sistema imunológico já não repele mais as iniciativas inovadoras do Modo 2 e a transformação cultural aconteceu.

Fig.17 - A empresa ambidestra

O exercício diário da ambidestria organizacional não é um jogo fácil, o comportamento do líder está sempre sendo observado. Ele precisa manter o negócio principal rodando e, ao mesmo tempo, dar visibilidade ao Modo 2 de operação, mexendo em sistemas e processos que não combinam mais com o contexto futuro. O discurso da mudança deve estar alinhado constantemente à prática. O próprio ato de contratar e demitir pessoas manda mensagens poderosas sobre o caminho que a empresa está seguindo. Ela não pode pregar menos comando e controle e admitir executivos que só operam dessa forma, ou falar de diversidade, mas não dar espaço a pensamentos diferentes. Não pode afirmar que incentiva a inovação, mas não oferecer oportunidades para as pessoas mais inquietas e curiosas.

Usar o Modo 1 ou o Modo 2 é uma estratégia, o que queremos é ter clareza e condição de poder administrar as duas situações. Na hora de alocar os recursos, saber que parte do investimento anual deverá ser direcionado para o Modo 2, mesmo sem ter as mesmas métricas de retorno observadas no Modo 1. Obviamente, no início, a tendência é o negócio tradicional receber o maior percentual dos investimentos, até porque ele precisa ter fôlego para financiar as atividades exploratórias. Mas, com o tempo, a busca deve ser pelo equilíbrio, ou até um aporte maior nas novas iniciativas.

EXPLORE AS BORDAS PARA ATINGIR O CENTRO

Toda organização possui um sistema imunológico que a protege das adversidades. Assim, toda vez que tentamos fazer coisas muito inovadoras, elas podem ser interpretadas como ameaças ao status quo, correndo o risco de serem repelidas. Não considero isso ruim, é o nosso sistema imunológico que nos mantêm vivos. No caso das empresas, ele também defende a saúde da organização. Por isso, esse sistema precisa ser treinado para entender que nem tudo o que se faz de diferente é uma ameaça — pode ser também uma grande oportunidade.

Diante disso, uma das estratégias possíveis para se colocar em prática por uma empresa em transformação é a criação de células de inovação. Num primeiro momento, elas estariam apartadas da organização, para explorar novas oportunidades, em uma espécie de movimento clandestino. Essas células seriam formadas por pessoas com o desafio de garimpar soluções diferentes para a organização e fazer as primeiras conexões com *startups*. Quando essas células clandestinas começam a mapear novas oportunidades e modelos de negócio, elas tentam aplicá-los na empresa-mãe. À medida que elas retornam para a organização, vão transformando e treinando o sistema imunológico, que passa a entender que se conectar com *startups*, por exemplo, é uma coisa boa.

Um dos grandes aprendizados que eu trouxe da Singularity University, em 2018, veio do professor e consultor americano John Hagel[29]. Ele afirma que toda e qualquer transformação não é racional, mas fundamentalmente um processo político. Gostaria que alguém tivesse me dito isso com tanta clareza antes, o que teria me impedido de dar muita cabeçada na minha vida profissional. Percebi que, tantas vezes, por mais bem-intencionado e bem-preparado eu estivesse, em um processo de mudança, acabei subestimando as relações de poder — e sofrendo as consequências.

Segundo Hagel, quando você quer fazer uma transformação mais disruptiva na organização, que altera o modelo vigente, sempre vai haver pessoas contrárias, que ele chama de inimigos da mudança. Por ser um processo político, o que precisamos fazer é identificar

29. Para aprofundamento, indico dois livros do consultor: HAGEL III, John. *The Journey Beyond Fear*: leverage the three pillars of positivity to build your success. McGraw Hill, 2021; HAGEL III, John; BROWN, John Seely; DAVISON, Lang. *The Power of Pull*: how small moves, smartly made, can set big things in motion. USA: Basic Books, 2010.

e neutralizar esses inimigos, jamais confrontá-los. Já os favoráveis, que Hagel chama de campeões da mudança, devem ser fortalecidos dentro de sua organização. Ele cita o livro *A Arte da Guerra*, de Sun Tzu, para lembrar que algumas batalhas são vencidas por um exército infinitamente inferior ao dos derrotados. Tudo é uma questão de estratégia.

Eu, muitas vezes, tentei fazer as mudanças confrontando o sistema. Além de não conseguir mudar nada, quase fui expelido pelo sistema imunológico da organização. O que Hagel ensina é que devemos postergar ao máximo o confronto entre os inimigos e os campeões da mudança. Ao se medir forças com o sistema imunológico, ou com as pessoas que ainda não enxergaram a necessidade da mudança, o lado perdedor será o que está tentando trazer coisas novas.

Fig.18 - A transformação é um processo político

Se partirmos para a briga, nos daremos mal, porque o exército dos primeiros seguidores é quase sempre pequeno, e a melhor estratégia para aumentá-lo é atrair os que estão em cima do muro. São os primeiros ganhos trazidos por essas células exploratórias que aumentarão o exército dos adeptos à mudança e enfraquecerão os inimigos. Com o tempo, os resultados dessas células irão acelerar a implantação de outras, aumentando as conexões com *startups*, numa relação de causa e efeito. Essas células de inovação só vão deixar de existir quando a transformação cultural e digital acontecer. Elas são um daqueles adaptadores a que me referi anteriormente, sendo usadas para levar as primeiras conexões para a empresa, até as tomadas serem trocadas.

Outra dica valiosa de Hagel consiste em colocar o centro da estratégia nas bordas, ou iniciar pelas beiradas. Isto é, evitar começar um movimento de transformação atacando práticas e processos relacionados ao *core business*. Mais inteligente, afirma Hagel, é experimentar novas formas de trabalho, tecnologias e soluções em áreas periféricas da empresa, como a de recursos humanos ou a administrativa. A lógica está em concentrar os primeiros esforços onde o sistema de defesa da organização não esteja tão atento. Acredite, se o sistema imunológico da empresa é forte, no seu *core business* ele é mais forte ainda. Por isso, é importante pensar em processos que estão caindo de maduros para sofrerem uma disrupção na sua organização — e estão pouco vigiados. Aí está a chance para começar a agir. Se tudo der errado, ninguém vai perceber; se der certo, servirá de exemplo para provocar outras alterações.

Adianto que, muitas vezes, ao iniciar um processo de mudança que abala o status quo da organização, nos sentimos como se estivéssemos dançando uma música de forma solitária. Num primeiro momento, todos ficam olhando para o dançarino estranho; podem até pensar que é um louco. Quanto maior a visão que a pessoa tem do que precisa ser feito, mais solitário e dolorido se torna o processo, pois a adesão do resto da turma pode demorar um pouco para acontecer.

Quando aparece o primeiro seguidor, que também se empolga com a dança maluca, ele começa a legitimar o movimento. Aí vem o segundo, o terceiro, e começa a viralizar, cada um dançando de uma forma diferente. Mas a música é a mesma, e a diversidade dos atores acaba enriquecendo o movimento e acelerando a transformação. Por isso, é estratégico iniciar um movimento já identificando os potenciais seguidores. Se você ficar dançando sozinho, será expelido pelo sistema imunológico. É um processo que exige muita coragem e resiliência.

Outra coisa importante que aprendi nos processos de transformação é respeitar o tempo da organização. Por mais elementos que se tenha, como pessoas e clareza de direção, se o comando da organização ainda não estiver convencido, talvez não seja o momento de colocar o carro na passarela. Muitas vezes, o nosso desejo de ajudar é maior do que a vontade da empresa de querer se transformar.

Nesse quesito, eu sempre fui muito privilegiado. Saí de um ambiente de cultura tradicional, fui buscar nos ecossistemas possibilidades de como fazer, e o que fazer, e quando voltei para as organizações, encontrei o patrocínio para começar a agir. Mas não tem receita de bolo para saber escolher o melhor momento para dar o primeiro passo; é preciso testar, avançar, recuar, ir tateando o ambiente. A boa notícia é que, depois que a transformação inicia, ela avança rapidamente.

ACELERE COM AS *STARTUPS*

A conexão com *startups* é uma forma inteligente e rápida de uma empresa tradicional acelerar a sua transformação, ao incorporar soluções de fora às suas dores internas. E quanto maior for o seu nível de conexão externa, mais resultados ela alcança. Se o ponto de partida para a experimentação foram as células de inovação, provavelmente foi a partir de uma delas que a empresa passou a interagir com o mundo das *startups*.

A relação entre empresas e *startups* pode alcançar cinco níveis de maturidade. No primeiro deles, a empresa segue o seu modelo mental anterior, de comando e controle, e trata a *startup* como uma fornecedora de soluções para resolver determinado problema interno. É o estágio inicial em que a empresa testa uma tecnologia proposta pela *startup*, com uma dedicação maior ao seu cliente.

Num segundo nível, a empresa já contrata uma *startup* para impulsionar projetos de inovação, deixando de vê-la apenas como uma fornecedora e a tratando como uma parceira, ainda que parcial. No nível 3, a *startup* já passa a ser reconhecida como um parceiro estratégico para desenvolver projetos conjuntos e resolver problemas reais dos seus clientes. Muitas vezes, nesse estágio, a empresa já começa a investir em *startups*.

Já no nível seguinte, a relação evolui ainda mais e a empresa passa a investir na *startup*, não apenas financeiramente, mas também na capacitação das pessoas e em mentorias. No modelo de maior maturidade, o nível 5, as organizações já criam as suas *corporate ventures*, mecanismos independentes de investimento que podem incluir a compra de participações ou a totalidade do capital de uma *startup*.

Seja qual for o nível de conexão, a relação das organizações com as *startups* é sempre de ganha-ganha. De um lado, as empresas oferecem às *startups* mentoria e, principalmente, escalabilidade na aplicação de suas soluções, uma vez que estas precisam de mercado. De outro, ganham uma grande dose de rejuvenescimento, principalmente as organizações mais tradicionais. São as *startups* que as ajudam a lembrar o que um dia essas empresas já foram — empreendedoras ágeis, com grande foco no cliente. Elas oxigenam as empresas, fazendo com que voltem a ficar mais próximas dos clientes.

Os executivos também saem ganhando com o intercâmbio, numa espécie de mentoria reversa. Quando eu comecei a conversar com *startups*, me dei conta de coisas que deveria mudar para a operação prosperar, foi um grande aprendizado.

Colocar os líderes internos em contato com empreendedores de *startups*, que conseguem gerar resultados inovadores, com poucos recursos, tem um valor tremendo. Essa troca ajuda a identificar o que a empresa perdeu no meio do caminho que a deixou engessada e, principalmente, a necessidade de focar no cliente. À medida que as empresas crescem, elas se distanciam dos clientes — acabam delegando o contato para a rede de distribuição ou para vendedores. Muitas passam a empurrar soluções que acreditavam serem as melhores para seus clientes, mas sem ouvi-los. Agora, os novos canais e as ferramentas digitais trazem essa possibilidade de reconexão, como fazem as *startups*, que vivem com seus clientes 24h do dia, sete dias por semana.

Vale lembrar que as oportunidades de conexão com *startups* nunca estiveram tão acessíveis para as organizações. O surgimento dos ecossistemas de inovação e de institutos, como o Hélice, vieram facilitar as conexões — e a um custo praticamente zero. Há três ou quatro anos, mesmo as grandes empresas precisavam desembolsar valores significativos para as conexões com *startups*. O custo agora está na vontade, na mudança de mentalidade, para sair de sua zona de conforto e partir para as conexões.

DANDO UM ZOOM NA ESTRATÉGIA DIGITAL

Nos últimos 25 anos, o método de planejamento nas organizações estava focado no direcionamento do seu negócio do momento. Com um mundo mais estável, tentávamos predizer o que viria pela frente, estabelecíamos uma meta e formatávamos projetos para chegar lá. O novo contexto, com tecnologias exponenciais e convergentes, abre um leque de oportunidades de negócios que deveriam constar agora no planejamento estratégico.

Enquanto no modelo tradicional o planejamento era feito sob um horizonte de três a cinco anos, o foco estava no plano operacional, com visão de execução pelo período de um ano. Na estratégia digital, além do plano operacional, entra o *foresight*, que vai trazer sinais do futuro. Para ela acontecer, a mudança de mentalidade é fundamental, pois parte de uma lógica de abundância e de muito trabalho em redes, articulando os atores certos para explorar as possibilidades de futuro. O *foresight* estimula a sair do condicionamento dos processos do dia a dia, para ser contaminado pelas visões de futuro.

Fonte: o autor

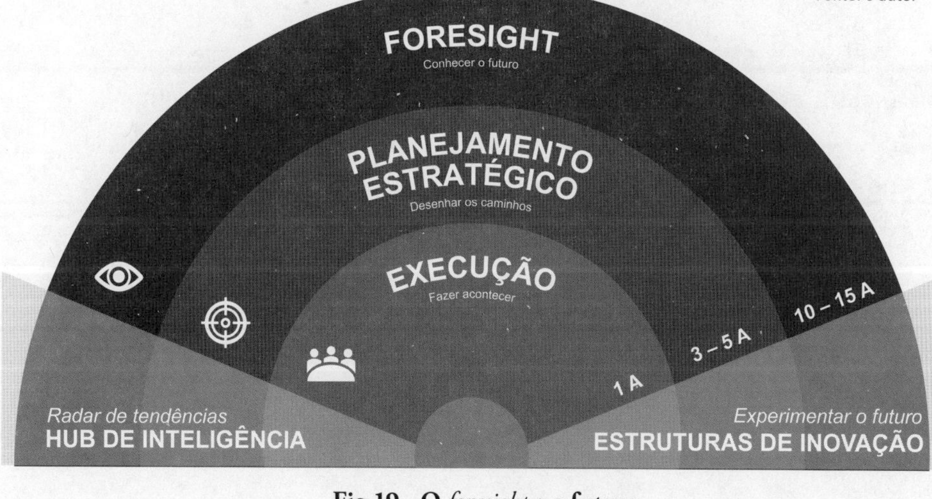

Fig.19 - O *foresight* e o futuro

Para transformar um serviço de banco analógico em digital, por exemplo, é preciso entender a mudança de comportamento do cliente, saber que tipo de produto ele quer e como quer comprá-lo.

A visão sai do produto e foca em sistemas financeiros, em pagamentos e financiamentos. Muda a mentalidade de olhar apenas de dentro para fora, e entra a conexão em redes de fora para dentro. Vamos ter que acompanhar a jornada do cliente para oferecer soluções que vão ao seu encontro. A estratégia digital tem que estar baseada em dados.

Uma nova abordagem de planejamento, que envolve *zoom in* e *zoom out*, começa a ser utilizada por segmentos que estão em plena disrupção, principalmente no Vale do Silício. A ideia central é dar menos importância aos planejamentos tradicionais de três a cinco anos e focar em iniciativas de curto prazo, de seis a doze meses — o *zoom in*. Porém, a esse curto prazo devem ser incorporados sinais e fragmentos de futuro, de dez a vinte anos — o *zoom out*, ou *foresight*. Aqui vale uma ressalva: quanto mais disruptivo for o setor, menor será o tempo para o *foresight* — em alguns casos, entre três a cinco anos já será longuíssimo prazo.

Hagel explica que o *zoom out* é um exercício para se enxergar fragmentos de futuro, pensar como o mercado de determinada empresa estará no longo prazo e o que ela precisa fazer para continuar nele. Já no *zoom in*, é importante a empresa privilegiar duas ou três iniciativas de alto impacto, que serão deflagradas em até um ano e ajudarão a acelerar o seu movimento no longo prazo. São essas vitórias rápidas que levantarão os recursos necessários para bancar as iniciativas futuras.

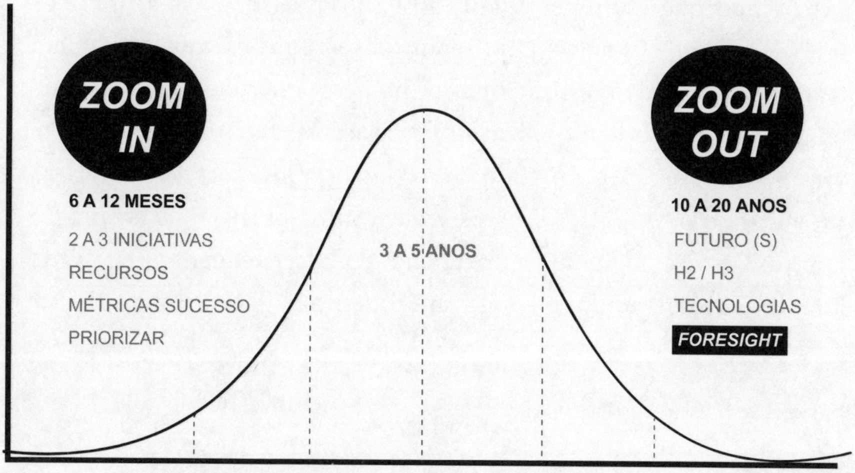

Fonte: o autor

Fig.20 - *Zoom in* **X** *Zoom out*

As empresas, diz Hagel, precisam se perguntar se, em vinte anos, continuarão no mesmo negócio, por isso a importância da percepção de futuro do *zoom out*. O foco em poucas iniciativas, o *zoom in*, também muda a perspectiva da maioria das empresas, que chegam a ter cinquenta iniciativas de curto prazo nos seus planejamentos. Dar conta de tantas iniciativas neste mundo em transformação, em que tem que se ter um olho no peixe e outro no gato, chega a ser insano. Por isso, o desafio é se concentrar em duas ou três iniciativas, com resultados rápidos, que se tornarão combustível para outras ações com fragmentos de *zoom out*. Nessa visão de futuro, é importante olhar as tecnologias exponenciais e como elas estão convergindo, criando oportunidades não só para novos produtos, mas focando nos sistemas associados.

O CICLO DA TRANSFORMAÇÃO

Invariavelmente, todos os ciclos de transformação são complexos e exigem que sejam priorizados alguns fatores para o seu sucesso. A experiência que acumulei nos últimos anos me levou a identificar os sete elementos essenciais para serem observados em qualquer ciclo de transformação organizacional. Adianto que são ciclos longos, que exigem uma grande mobilização de esforços e recursos. E, como já vimos, por mexerem no status quo das organizações, eles acabam provocando reações dos seus sistemas imunológicos e da turma do contra. Por isso, além de competências técnicas, exigem de nós uma alta dose de coragem, de comprometimento e de resiliência.

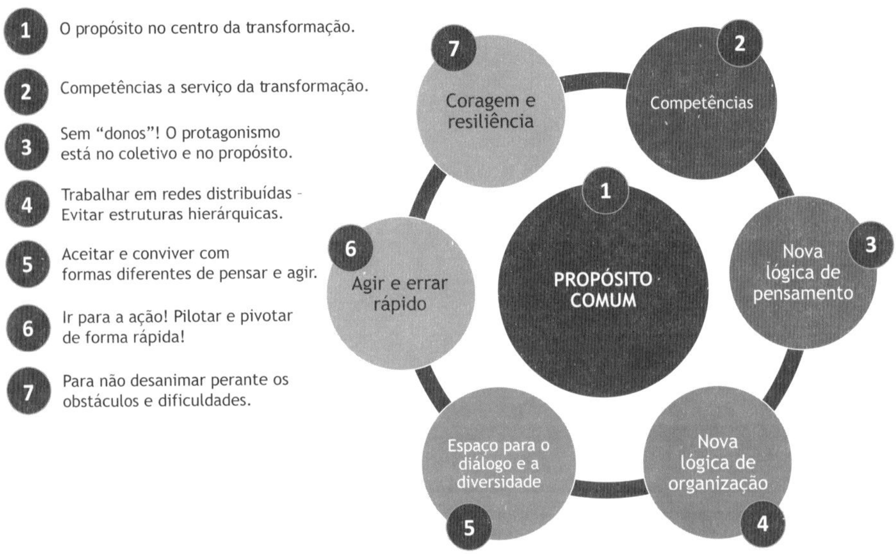

Fonte: o autor

Fig.21 - Os sete elementos essenciais

Tudo começa com ter um propósito no centro da transformação, nada de pessoas ou organizações. Ao redor desse propósito comum é que os atores — pessoas e suas organizações — irão se conectar e entregar as suas competências. É importante dizer que esses atores só irão se movimentar se o propósito fizer sentido para eles, para as suas carreiras ou comunidades.

O segundo elemento envolve as competências a serviço da transformação. Um propósito transformador servirá como uma espécie de ímã para atrair e/ou reter pessoas. A liderança será trabalhada a várias mãos, sendo que cada pessoa terá que entregar a sua competência durante a jornada.

No terceiro elemento, entra a lógica da abundância, que exige uma forma exponencial de pensamento. Ela passa a substituir a então vigente lógica da escassez, de mentalidade linear. Aqui, é importante que a liderança assimile essa nova lógica e assuma o papel de "catequizadora" junto aos membros envolvidos na mudança, cuidando para que o protagonismo esteja no coletivo e no propósito. O importante, sempre, é não querer resolver tudo sozinho — mas lembrar que a inovação não resulta de uma cabeça apenas, mas de várias conexões e alianças estratégicas.

O quarto elemento se refere a uma nova lógica de organização, privilegiando as estruturas descentralizadas — e, melhor ainda, em redes distribuídas. O esforço está em se evitar as pirâmides hierárquicas. Os bons gestores devem dar lugar, cada vez mais, aos verdadeiros líderes, que terão condições de potencializar ao máximo os atores envolvidos, sem usar do comando e controle. Os sistemas distribuídos deixarão as pessoas em posição de igualdade, em relação às competências que precisarão entregar para a mudança em curso. E o trabalho acontecerá de uma forma mais acelerada.

O quinto elemento privilegia o espaço para o diálogo e a diversidade. O diálogo, totalmente distinto do debate, será fundamental para garantir a qualidade das discussões e ideias neste contexto digital. Ele sempre gera uma solução melhor do que a minha ou a sua, é uma construção. Além disso, o diálogo amplia o ambiente de colaboração, modifica a lógica de formulação e geração de ideias e entrega um resultado sustentável. Ele conecta, traduz uma forma de pensar não linear, favorece a prática de uma lógica de abundância nas discussões, pressupõe alto nível de colaboração e, principalmente, transfere o protagonismo do indivíduo para o coletivo, para a soma das partes.

O sexto elemento essencial para a transformação está em agir e errar rápido, em relação à prototipação e validação da ideia ou solução. As provas de conceito, ou piloto, também deverão ser realizadas em um ambiente menor e controlado, e no menor tempo possível. Quem inspirou esse conceito foi o Jake Knapp[30], que criou o método Sprint, usado no Google para testar e aplicar novas ideias em apenas cinco dias.

Segundo Knapp, quanto mais tempo você passar trabalhando em um projeto, mais apegado ficará a ele e menos disposto a aceitar resultados negativos. Processos lentos também podem levar à obsolescência do produto antes de seu lançamento neste cenário de mudanças rápidas. As *startups* utilizam bastante esses métodos ágeis, estabelecendo o período de cinco dias para se ter a ideia, prototipar, ver se faz sentido e testar com o cliente. Se tudo der certo, o produto já vai para o mercado.

30. KNAPP, Jake. *Sprint*: o método usado no Google para testar e aplicar novas ideias em apenas cinco dias. Rio de Janeiro: Intrínseca, 2017.

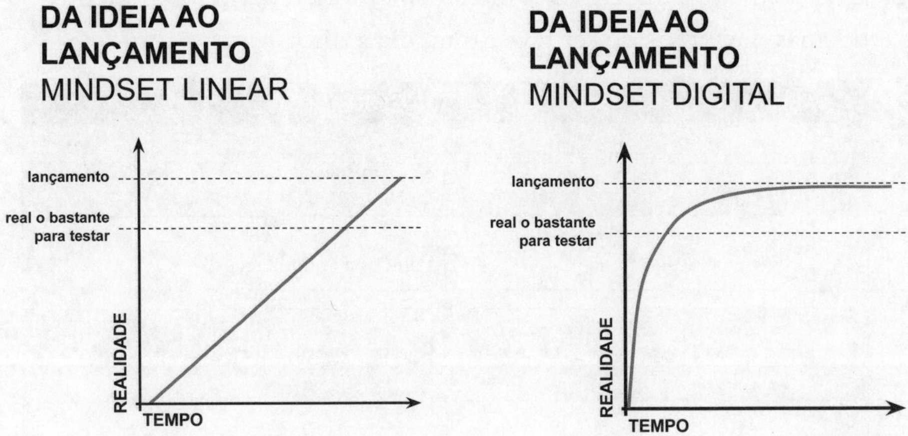

Fonte: o autor

Fig.22 - Processo linear X Processo digital

Como último elemento para o sucesso da transformação, entra a coragem e resiliência para levar o processo adiante, entendendo que serão necessárias novas competências e estratégias diferentes das que aprendemos ao longo de nossas carreiras. A falta dessas duas aptidões poderá comprometer a sustentabilidade de todo o ciclo, deixando-o mais vulnerável às forças resistentes a qualquer processo de mudança. O fazer diferente gera muitas críticas e ceticismo no caminho.

QUADRO PARA REFLEXÃO – OS DEZ CONCEITOS A SEREM ATUALIZADOS NA TRANSFORMAÇÃO CULTURAL E DIGITAL

Quando falamos em transformação cultural e digital nas organizações, devemos reciclar o nosso vocabulário. Existem novos conceitos que precisamos incorporar e outros ultrapassados, que devem ser eliminados, pois não conversam mais com o novo contexto.

Criei aqui uma tabela para você começar a refletir sobre alguns dilemas que precisam ser revistos no dia a dia.

	ELIMINE	INCORPORE
1	Transformação é um processo digital	Transformação é sobre pessoas e cultura
2	Lógica da escassez	Lógica da abundância
3	Rigidez na experiência	Não há certezas e verdades únicas
4	Chefe e gestor	Líder inspiracional
5	Foco no lucro	Busque um propósito
6	Ego e vaidades	Seja vulnerável
7	Competição	Cooperação
8	Fornecedor	Parceiro estratégico
9	Recursos Humanos	Intraempreendedores
10	Mentalidade CLT (Consolidação das Leis do Trabalho)	Mentalidade empreendedora

Fig.23 - Os novos conceitos a serem assimilados (Fonte: o autor)

CAPÍTULO 4

A TRANSFORMAÇÃO POSSÍVEL EM UMA EMPRESA TRADICIONAL – O *CASE* RANDONCORP

O ano era 2014 e a Randoncorp celebrava os 65 anos de uma história de sucesso iniciada por dois irmãos, Raul Anselmo Randon e Hercílio Randon, em Caxias do Sul, região serrana do Rio Grande do Sul. A empresa resultou em um conglomerado de

31 unidades industriais[32], que atuam na fabricação de implementos rodoviários e autopeças, além de serviços financeiros e digitais. Com cerca de 16.500 funcionários, a Randoncorp registrou um faturamento bruto superior a 13 bilhões de reais em 2021.

O questionamento que surgiu em 2014 era o que a Randoncorp precisaria fazer para continuar com êxito a trajetória de seus fundadores, por pelo menos outros 65 anos. Era importante identificar quais eram os traços de cultura que deveriam ser reforçados e quais necessitariam ser ressignificados, para enfrentar o mundo transformacional que se descortinava. Sempre digo que a melhor maneira de nós, executivos, honrarmos o legado que recebemos de uma empresa é fazer as mudanças necessárias para garantir que ela se perpetue.

Já no corporativo da Randoncorp e responsável pela área de pessoas e cultura, lembro de ter agradecido o período em que eu fiquei na Castertech, logo após o meu retorno dos Estados Unidos. Mesmo impactado pelas questões familiares e profissionais, acabei exercitando muito a observação do ambiente e das pessoas. Ficar no meu cantinho me deu condições para ver o que estava errado e o que funcionava. Passei a ter um entendimento profundo de como e por onde poderíamos começar o processo de transformação cultural da Randoncorp.

O PONTO DE PARTIDA

Um trabalho engavetado que tinha recebido pouca atenção, mas que carregava uma riqueza imensa, foi o ponto de partida para a transformação de cultura. Era um diagnóstico de saúde organiza-

32. As fábricas estão presentes no Brasil, Estados Unidos, China, Índia, México, Argentina e Uruguai.

cional, que apontava o quanto o exército da Randoncorp estava preparado para enfrentar as novas demandas, ainda com uma miopia digital. Como registrar uma foto da empresa como um todo e, a partir dela, começar a construir pontes para o novo contexto. Em nível individual, a fotografia de um executivo mostra qual é o ponto de partida dele, o quanto ele enxerga pelo novo contexto e o quanto está apegado ao modelo antigo.

Entre as descobertas, o medo de errar e a estrutura extremamente verticalizada que a organização apresentava acenderam o alerta — como já vimos, são traços que não combinam com a inovação. Por outro lado, embora a Randoncorp não fizesse colaboração para fora, elas sempre trabalharam muito integradas internamente. Existia também um orgulho de pertencimento muito grande entre os seus colaboradores e uma forte valorização do legado. Esse diagnóstico acabou servindo como base para se montar uma estratégia e começar a mexer em sistemas, comportamentos, símbolos e rituais.

Ainda não se tinha ideia de onde chegaríamos, mas havia a crença de que era necessário fazer algo diferente. No período entre 2014 e 2016, a empresa enfrentou uma grave crise no mercado interno. Apenas em 2015, a venda de caminhões e semirreboques no Brasil sofreu uma queda superior a 47% — uma das maiores de sua história. Se considerarmos a produção brasileira de caminhões, em 2016 — próxima a 60.500 unidades —, ela despencou quase 60% em relação a 2014[33]. Com menos caminhões vendidos, menor também foi a produção de semirreboques e de autopeças pela Randoncorp.

O período de crise acabou se revelando uma grande oportunidade para a Randoncorp reorganizar a sua estrutura, que precisou enxugar 45% do seu quadro de pessoal (hoje plenamente recuperado). Os desligamentos de algumas pessoas e a promoção de outras

33. Anuário disponível em: <https://anfavea.com.br/anuario2021/anuario.pdf>. Acesso em: 28 jan. 2022.

mandaram mensagens poderosas para todos sobre a mudança em curso. Com uma equipe mais enxuta, foi preciso juntar áreas de operação, quebrando barreiras de departamentos.

Nessa reorganização, a área de recursos humanos foi integrada à de planejamento estratégico e inovação, que deixou de ficar restrita a produto e tecnologia. Essa nova formatação dos recursos se revelou de extrema importância nos processos de mudança de cultura e deu a sustentação necessária para a empresa dar os primeiros passos rumo à sua transformação, também digital.

Embora o diagnóstico organizacional de 2014 não tenha sido aplicado com a clareza de visão que temos hoje, ele ajudou a pavimentar a pista para o avião decolar. Considero duas coisas importantes que colaboraram para esse movimento de transformação. A primeira é que, quando a empresa conseguiu articular os atores e evangelizar de modo eficiente, passou a evoluir de forma rápida. O segundo ponto é a mudança de mentalidade, que, no caso da Randoncorp, foi ajudada pelo momento de crise, que deixou as pessoas mais propensas a arriscar e a fazer diferente.

Como observa Daniel Randon, presidente da Randoncorp: "Nas crises, a questão do 'sempre fizemos assim' cai por terra; é o momento para se rever conceitos e tentar mudar, antes que seja tarde demais. A crise faz com que muitas coisas sejam mudadas, ajuda as pessoas a se movimentarem." Por isso, ele brinca que, se não houver uma crise, algumas vezes, ela tem que ser criada para desafiar as empresas a fazerem as mudanças necessárias.

Quando uma outra crise externa surgiu, agora sanitária, com a pandemia do covid-19, os avanços conquistados até então pela Randoncorp ajudaram a enfrentar os momentos turbulentos. Em apenas três dias, a empresa conseguiu colocar mais de mil funcionários em trabalho remoto, em março de 2020, quando se exigia o distanciamento social.

A mudança de sistemas, a integração de áreas e o fato de seus projetos todos estarem na nuvem ajudaram tremendamente naquele momento.

Por atuarem em segmentos bastante distintos, as 31 unidades da Randoncorp apresentam ainda níveis diferentes de aderência ao processo de transformação, tanto cultural como digital. Algumas ainda estão trabalhando para mudar os seus traços de cultura; outras estão migrando os sistemas analógicos para o universo digital; e outras já estão desenvolvendo produtos inovadores, 100% pensados digitalmente.

O estágio, de maior ou menor aceleração na mudança, ainda está ligado ao nível de maturidade digital do segmento em que operam. A área de serviços financeiros já vive a sua disrupção, enquanto na fundição, por exemplo, está mais longe de acontecer. No final do dia, a métrica mais importante para indicar o sucesso de uma transformação em uma organização é estar sempre avançando, dando novos passos — só não pode estacionar em uma zona de conforto.

AS CÉLULAS CLANDESTINAS

No final de 2017, a Randoncorp se deu conta de que era hora de olhar mais para fora e sair da miopia digital. A empresa estava avançando na sua transformação cultural, mas ainda precisava desvendar o universo digital. Era urgente entender os ecossistemas de inovação e o novo mundo das *startups*. Foi quando surgiu a Exo, sua célula exploratória de inovação. A empresa destacou três de seus profissionais — das áreas de recursos humanos, serviços compartilhados e tecnologia — e deu a eles o desafio de garimpar soluções inovadoras para aumentar a produtividade de seus processos internos. Em comum, todos eram inquietos e curiosos e estavam querendo fazer alguma coisa diferente dentro da empresa. No início, "clandestina", a célula foi instalada fora da empresa, em um espaço de *coworking*, no centro de Caxias do Sul, e recebeu o prazo de um ano para cumprir sua missão.

Em pouco mais de trinta dias, a Exo já apresentou uma solução disruptiva para a área de recrutamento e seleção de pessoal, estabelecendo a primeira conexão da Randoncorp — hoje são mais de sessenta — com uma *startup*, a Gupy. O processo de contratação, até então realizado com as tradicionais agências de recrutamento e seleção, passou a ser feito com o uso de inteligência artificial, conectando o candidato externo diretamente ao seu futuro gestor interno. Além de mais assertiva, a solução cortou pela metade o tempo de admissão e reduziu em R$3 milhões o custo anual do processo.

No período de um ano, a célula Exo implementou ainda outros seis projetos com *startups*, mostrando um caminho diferente para a Randoncorp — o de construir redes externas — e passou a ganhar visibilidade junto ao seu público interno. Até então, a mentalidade da Randoncorp era fazer tudo dentro de casa — e sozinha. O movimento de conexão com *startups* mostrou que elas poderiam oferecer soluções mais assertivas, mais baratas e em prazos menores do que desenvolver internamente.

As células de inovação foram se sucedendo e ampliando as equipes envolvidas, que depois replicavam o aprendizado para toda a organização. Na segunda geração, já reuniu 6 pessoas e trouxe 25 projetos inovadores. Na quinta célula, foram 35 pessoas e, mais importante, as soluções inovadoras se disseminaram em todas as áreas da Randoncorp.

Atualmente em sua sexta geração, fazendo uma retrospectiva, a Exo pode ser considerada o embrião da transformação digital da Randoncorp. Ela se somou às mudanças internas que a empresa vinha fazendo, trazendo outras possibilidades de continuidade nesse caminho desconhecido. Mostrou que, ao ousar e explorar o novo, os resultados poderiam ser fantásticos. Lembram que eu falei, no capítulo 3, dos adaptadores de tomadas? Em um primeiro momento, as células Exo funcionaram como adaptadores dentro da Randoncorp, facilitando a sua conexão com as *startups*. Saíam para entender a linguagem externa de processos inovadores e voltavam fazendo os ajustes para que funcionassem internamente.

As primeiras experiências não foram triviais. Quando começamos a substituir o processo jurássico que tínhamos de recrutamento pela solução da Gupy, houve uma espécie de rebelião interna. O pessoal, acostumado ao modelo antigo, concluiu que a nova plataforma não suportava a metade do processo vigente, por isso não serviria. Isso mostrou que estávamos no caminho certo, ao aplicar uma solução que simplificava o processo, oferecia maior assertividade, em um prazo mais curto e a um custo mais baixo. Sair do piloto automático e fazer diferente — isso era a mudança de cultura se mostrando na prática. Hoje, a Exo tem outra função, pois a tomada de conexão com *startups* já foi trocada. Ela continua trabalhando na mudança de mentalidade e no aumento do exército interno para a transformação digital.

Para resolver um desafio, a Exo não precisa mais se conectar apenas a uma *startup*, mas trabalhar com os empreendedores dentro de casa para gerar soluções mais disruptivas. Ainda nessa linha, a Randoncorp criou também o projeto Start, para estimular o empreendedorismo dentro de casa. A ideia é que seus intraempreendedores, com base em desafios propostos, apresentem soluções que possam receber investimentos da Randon Ventures, o seu braço interno para fomentar *startups*. O projeto já envolveu 79 pessoas, em 3 turmas, e apresentou 15 soluções inovadoras.

No início, a Exo precisou ser "clandestina" para buscar o novo lá fora e trazê-lo devagarinho para dentro da empresa, para ir treinando o seu sistema imunológico, aplicando muito da estratégia de ambidestria que falamos nos capítulos anteriores. Quando as células conseguiram fazer as primeiras conexões com *startups*, e os resultados apareceram, passaram a ganhar visibilidade. Aos poucos, as tomadas começaram a ser trocadas dentro da empresa. As iniciativas de inovação já abrangem todas as áreas da organização e já se comunicam mais em redes do que em sistemas hierárquicos.

Além de acelerar a transformação interna da Randoncorp, a segunda geração da Exo também contribuiu para o ecossistema de inovação da serra gaúcha, ajudando a formatar o Instituto Hélice, em 2019 (veja capítulo 6). A Randoncorp, junto com outras empresas da região — a Marcopolo, a Florense e a Soprano —, foi uma das fundadoras do Hélice, que nasceu já dentro da lógica da abundância e da inovação colaborativa.

A INOVAÇÃO ABERTA

Os resultados positivos das células de inovação levaram a Randoncorp a querer ampliar ainda mais as suas conexões com o ambiente externo. Em meados de 2020, em plena pandemia do covid-19, surgiu a Conexo, a sua plataforma de inovação aberta. Ela funciona como um *hub* de conexões, por meio físico e digital, entre a Randoncorp e os mais diversos públicos, como empreendedores, outras grandes empresas, *startups*, universidades, instituições do ecossistema de inovação e comunidade em geral. A Conexo nasceu dentro da lógica de não continuar influenciando apenas as empresas da casa no seu processo de transformação, mas se somar a outros movimentos que já existem e impactar a cidade de Caxias do Sul e região.

A própria metodologia de inovação das células Exo está sendo disponibilizada pela Conexo para outras empresas que estejam passando por processos de transformação semelhantes. A ideia é compartilhar dores, situações reais que precisam ser resolvidas, seja na área de logística, de transporte ou no sistema financeiro. As soluções podem vir tanto de seus intraempreendedores como de outros empreendedores da serra gaúcha, num trabalho de cocriação.

A Conexo também nasceu com um conceito diferente, de ser autossustentável, não dependendo dos recursos da Randoncorp. Os investimentos necessários são feitos por meio de parcerias externas, dentro da lógica da abundância. Como tenho repetido, a inovação disruptiva não surge mais de uma cabeça, mas da soma das partes, num trabalho colaborativo. A Conexo se propõe a ser um espaço para a troca de ideias entre indivíduos, diferentes empresas e até mesmo concorrentes. É quase uma coroação do tema de casa que a Randoncorp tem feito, de mudar a forma de pensar, dentro desse novo contexto digital.

A DISSEMINAÇÃO DA INOVAÇÃO

A Randoncorp sempre desenvolveu tecnologias inovadoras, mas geralmente eram voltadas para os seus produtos. O que mudou foi a amplitude da inovação, que passou a permear toda a organização, além de demandar conexões cada vez maiores com os atores externos. Nos últimos anos, foram promovidas várias iniciativas para democratizar a inovação dentro da organização. Um exemplo foram as mudanças feitas no Prêmio Hercílio Randon, que leva o nome de um dos fundadores da empresa, que possuía um perfil bastante inventivo e era considerado um "professor Pardal".

O prêmio foi criado há mais de quinze anos, para reconhecer as inovações internas, focadas em desenvolvimento de novos produtos e tecnologias para o seu *core business*. Em média, eram apresentados sete ou oito projetos inovadores ao ano. A partir de 2017, passamos a ampliar o escopo das inovações para várias áreas da empresa. O intuito era reforçar, para toda a organização, que a inovação é de todos e não necessariamente precisa ser algo transformacional. A inovação pode estar em uma pequena melhoria proposta para a área administrativa ou em um novo produto ou serviço.

Na última edição, estendemos a premiação para sete categorias, como novos serviços e soluções, boas práticas de trabalho colaborativo e sustentabilidade. O resultado foi a apresentação de mais de cem projetos, criando outro marco na nossa jornada de transformação. Foi difícil escolher o melhor em cada categoria e sabemos que existem muitos outros bons projetos que ainda não foram inscritos e que farão toda a diferença no crescimento futuro das empresas do grupo.

Nos últimos anos, a Randoncorp tem conseguido dar velocidade à sua transformação digital, colocando-a no centro de sua estratégia. Além de melhorar os seus processos internos, a inovação tem gerado um incremento no seu portfólio de negócios. Uma prova está no seu CTR (Centro Tecnológico Randon), que há cerca de três anos era apenas um espaço para testes internos. Atualmente, a estrutura recebe ao redor de trinta empresas que utilizam as suas mais de vinte pistas e laboratório.

Além de serem uma nova fonte de recursos, as inovações no CTR propiciam um compartilhamento de experiências incrível do nosso time com os usuários externos. É claro que as atividades desenvolvidas preservam o sigilo dos nossos parceiros, mas sempre existe uma troca de ideias, entre um cafezinho e outro, nos testes de pista. Antes, os nossos engenheiros só conversavam entre eles, agora o intercâmbio pode acontecer com os engenheiros da Weg, da Marcopolo e de tantas outras empresas.

A empresa também criou a Randon Tech Solutions (RTS Industry), uma unidade para transformar tecnologicamente as nossas fábricas. Se costuma dizer que, em termos de automatização, estamos fazendo em três anos o que levávamos anteriormente trinta anos, tamanha é a velocidade de transformação. Em menos de dois anos, ativamos mais de duzentos robôs nas nossas indústrias. Além de possibilitar o desenvolvimento de tecnologias diferenciadas, a automação também ajuda a resolver a escassez de mão de obra para funções mais repetitivas, o que tende a aumentar cada vez mais.

A experiência adquirida na aceleração interna das fábricas da Randoncorp levou a RTS Industry a se tornar uma empresa independente e a vender serviços de automação para terceiros. O impacto da tecnologia incorporada pela Randoncorp foi além de transformar a sua casa, acabou gerando novas fontes de receitas. E as inovações continuam acontecendo em ritmo acelerado.

Outro exemplo que poderia ser citado de disrupção vem da Nione, uma de suas controladas, que desenvolve novos produtos por meio da nanotecnologia. No final de 2021, em parceria com a Weg Tintas, ela lançou uma tinta com nanopartículas de nióbio para aumentar a resistência à corrosão e a durabilidade de revestimentos protetivos. Isso é apenas o início das oportunidades que se abrem com essa nova frente de inovação.

AS CONEXÕES COM *STARTUPS* DECOLARAM

A relação da Randoncorp com *startups*, que iniciou em 2018 com a Gupy, numa relação ainda de fornecedora da plataforma para recrutamento e seleção, evoluiu de maneira avassaladora nos últimos anos. Atualmente, contabiliza mais de sessenta *startups* conectadas, que estão presentes em todas as suas empresas e em todos os seus processos estratégicos. Os primeiros passos foram dados com a contratação de *startups* como fornecedoras para certas áreas de negócios; a ideia era adquirir soluções específicas para resolver problemas internos.

Num segundo momento, a relação se deu com o objetivo de impulsionar projetos de inovação dentro da empresa. O passo seguinte já envolveu buscar *startups* para solucionar problemas de nossos clientes. Por último, passou a investir em *startups*, tanto financeiramente como em capacitação e mentoria, além de partir para aquisições. Com a criação da Randon Ventures, investiu mais de R$20 milhões para fomentar ideias inovadoras, nos segmentos de serviços financeiros, seguros, logística e indústria automotiva — contemplando mais vinte *startups*.

As conexões, que começaram em processos periféricos, chegaram rapidamente ao seu *core business*. Um exemplo é o eixo de tração elétrica, o e-sys, que permite que se abandone o conceito de uma carreta ser apenas puxada, mas que também passe a tracionar. O produto é disruptivo, pois aproveita a energia da frenagem da carreta no declive para utilizá-la na lomba, levando a uma economia de combustível de até 25%. A sua concepção, que envolveu a parceria de quatorze empresas, também é disruptiva. O novo eixo elétrico foi desenvolvido por três empresas da casa, outras seis de fora e mais cinco *startups*, em menos de dois anos. No seu modelo tradicional, desenvolvendo tudo sozinha, a Randoncorp demoraria pelo menos cinco anos para chegar ao mercado — e estaria atrasada.

EXPERIMENTANDO NEGÓCIOS 100% DIGITAIS

Com atuação básica em três áreas — fabricação de implementos rodoviários, autopeças e prestação de serviços financeiros, é nesta última que a Randoncorp está experimentando o desenvolvimento de produtos 100% pensados digitalmente. Embora a área ainda represente uma fatia pequena de seu faturamento, ao redor de 3%, a tendência é que aumente a sua importância nos próximos anos e sirva de modelo para transformar os outros 97% da organização. Essa percepção vem da visão de futuro, em que o produto dará cada vez mais espaço para a solução completa. Ou seja, em vez de comercializar apenas a carreta, a Randoncorp venderia um pacote de serviços de logística agregado.

É importante dizer que, para a empresa começar a experimentar os primeiros projetos 100% digitais, ela já percorreu um caminho importante na transformação de sua cultura e entendeu que não inova mais sozinha. O nosso grande MVP[34] no momento é a plataforma Randon de serviços, que tem a missão de ser *one stop shop*, um lugar onde a nossa comunidade de logística e transporte poderá acessar todas as soluções necessárias à sua jornada. Isso incluiria a oferta de novos serviços para os nossos clientes, motoristas ou transportistas, como conta digital, empréstimos e seguro. Eu vejo a vertical de serviços financeiros como a Randon Exo do amanhã, tamanho será o seu impacto na fotografia futura da organização.

Essa evolução da Randoncorp na transformação digital mostra que é uma jornada possível, mesmo para uma indústria pesada, um dos segmentos que ainda não sofreram uma disrupção maior e pode avançar de uma forma menos dolorida. O processo de aceleração mais recente tem as suas raízes nos primeiros passos que demos, lá em 2014. Começou por desbloquear a mentalidade das pessoas para

34. *Minimum Viable Product*, ou produto mínimo viável, que se refere à versão mais simples de um produto para ser validada no mercado.

a mudança e foi inovando pelas beiradas, aumentando o exército de seguidores. A própria criação do cargo de CTO, em 2020, uma posição no modelo tradicional de comando e controle, para articular o processo de inovação, mandou uma mensagem poderosa do comprometimento da organização com a causa da transformação.

O nosso grande desafio continua sendo pessoas e cultura e a alfabetização digital. Não adianta obter uma avalanche de dados se não tivermos uma equipe com capacidade analítica para saber o que priorizar, quando aproximar e conectar pessoas pelo digital e se adequar às novas demandas do mundo do trabalho. Reunimos nossas lideranças todos os anos para trabalhar temas como comportamentos que necessitamos abandonar, quais precisam ser mantidos e os novos, que devemos incorporar. Sempre dentro do propósito de conectar pessoas e riquezas, gerando prosperidade, que é um dos princípios da Randoncorp.

O importante é entender que essa jornada não é de tecnologia, é de pessoas, é de cultura. Leva um tempo, mas dá resultados positivos. Ao tomarmos apenas os dados financeiros, a Randoncorp tem batido sucessivos recordes. Nos últimos cinco anos, ela mais que triplicou o seu faturamento — passou de R$4,2 bilhões, em 2017, para R$13,2 bilhões, em 2021. Claro que uma parcela importante desse crescimento se deve à retomada do mercado, mas tenho a convicção de que grande parte do seu desempenho é fruto dessa jornada de transformação de cultura que começou em 2014.

Aqui contei apenas alguns trechos desse processo, mas certamente foram todas as pequenas coisas que fizemos que construíram o alicerce e estão pavimentando essa explosão de inovação dos últimos anos — apenas em 2021, a Randoncorp registrou 47 novas patentes. Ainda há muito para se avançar, mas, como observa o presidente Daniel Randon, a Randoncorp está num nível de inovação e tecnologia adequado aos novos momentos. E, mais importante, se antecipando, quando comparada a outras empresas do seu setor.

QUADRO PARA REFLEXÃO – COMO A RANDONCORP SE TRANSFORMOU

A partir de um diagnóstico de saúde organizacional, a Randoncorp iniciou, em 2014, sua jornada de transformação cultural. Foram revisitados os seus traços de cultura, identificando quais ainda conversariam com o contexto futuro, quais deveriam ser eliminados e quais seriam fortalecidos. O período coincidiu com o enfrentamento de uma forte crise no mercado interno. A sua produção encolheu e a Randoncorp precisou se adequar ao novo momento, reorganizando a sua estrutura, o que incluiu uma redução de mais de 40% em seu quadro de pessoal, hoje plenamente revertida.

As mudanças de sistemas, símbolos e rituais deram a base para a Randoncorp avançar no mundo digital. Em pouco tempo, a empresa empreendeu um movimento acelerado de conexão com *startups* e inserção em ecossistemas de inovação. O movimento propiciou ainda a criação de uma estrutura dedicada à inovação aberta e o desenvolvimento de produtos 100% pensados digitalmente.

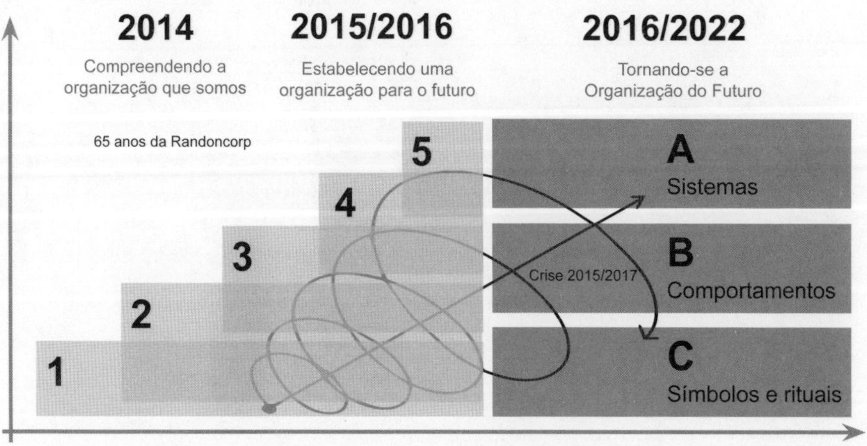

Referência: Carolyn Taylor em *Walking the Talk*

Fig.24 - Os passos da Randoncorp

CAPÍTULO 5

O *ROADMAP* DE TRANSFORMAÇÃO CULTURAL E DIGITAL

Há um momento em que a jornada do líder transformacional se cruza com o processo de transformação cultural e digital da organização onde atua. Para facilitar essa jornada conjunta, desenvolvi um *roadmap* de transformação cultural e digital, que pode ser utilizado como uma espécie de bússola. Ele é válido no sentido de fornecer à liderança alguns balizadores do que pode funcionar em uma empresa tradicional, que precisa iniciar a sua adesão ao contexto digital, sempre com base na minha experiência dos últimos anos.

O modelo desse *roadmap* compreende dois círculos, que estão ligados pela visão de futuro para a organização. O primeiro envolve a transformação de uma empresa tradicional, enquanto o segundo já avança para novos negócios digitais. No final, os dois círculos acabam se fundindo e dando origem a uma organização em aceleração, adequada para crescer no contexto digital.

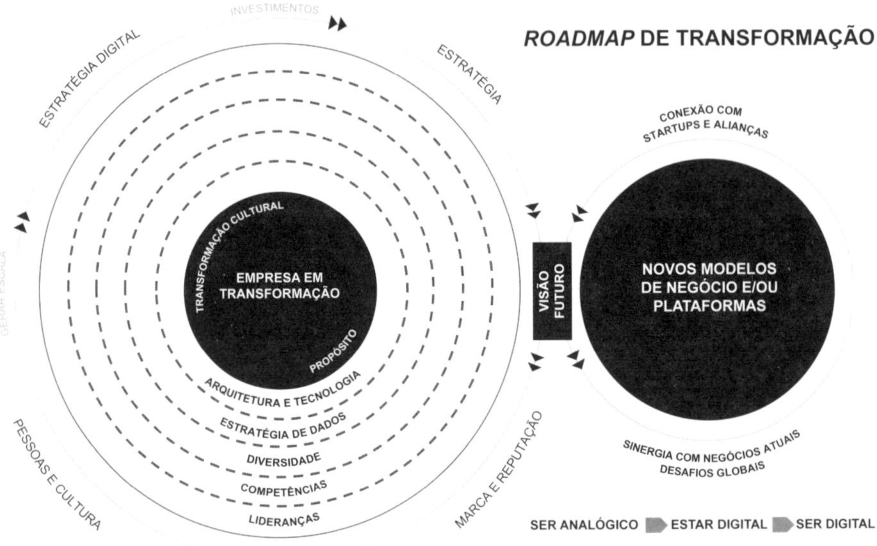

Fonte: o autor

Fig.25 - O *roadmap* de transformação

A título de curiosidade, o primeiro esboço que eu fiz para esse *roadmap* envolvia dois meteoros se chocando. Um deles carregava a transformação de cultura e o outro os negócios digitais. A inspiração meteórica revela o impacto que o choque desses movimentos é capaz de provocar em uma organização. Uma das únicas certezas que tenho é que esse desenho não é estático, em algum momento, precisaremos adicionar alguns novos elementos e excluir outros.

Esse *roadmap* está fundamentado em quatro pilares, que eu considero estratégicos para a organização prestar atenção, e cinco ações estruturantes que ela deve implementar para sair de sua condição analógica e se adaptar ao digital. É um caminho que inicia com o ser analógico, passa pelo estar digital e alcança o se tornar digital. Sempre considerando que a liderança também está fazendo o seu dever de casa, na questão de desenvolver um nível maior de autoconsciência para entender esse mundo novo, de agregar outras competências e aumentar o portfólio de estratégias para fazer a diferença nessa jornada. Ou seja, só vai aplicar esse *roadmap* o líder que já despertou para a sua transformação pessoal.

O primeiro círculo de ataque tem como propósito central a empresa em transformação, e ao seu redor orbitam os pilares estratégicos e as ações estruturantes necessários às mudanças. Como quatro pilares fundamentais, elegi: a estratégia digital, a estratégia tradicional, a questão de pessoas e cultura e a atenção à marca e reputação. Já as cinco principais ações estruturantes estão focadas em: arquitetura e tecnologia, estratégia de dados, pauta da diversidade, competências necessárias à inovação e formação da liderança.

Todas as ações estruturantes acabam se cruzando com os pilares estratégicos, criando projetos e iniciativas específicos para cada empresa, o que eu chamo de recheios a serem adicionados. Eles vão gerar questionamentos sobre o ponto de partida da organização, onde ela quer chegar e o que precisa fazer para acelerar essa jornada. Aqui, não existe uma regra, cada empresa vai fazer a sua leitura e colocar os seus recheios nos cruzamentos, muito em função da sua situação e do nível de disrupção do segmento em que está inserida.

Já o segundo círculo tem como propósito os novos modelos de negócios e/ou de plataformas digitais. Ele abrange as conexões com *startups* e a formação de alianças, buscando sinergia com os negócios atuais da empresa, diante dos desafios globais. O movimento é fazer com que esses dois círculos, que representam o presente e o presente/futuro, conversem entre si, numa relação de causa e efeito.

É importante frisar que esse *roadmap* não tem a pretensão de ser um caminho único, de mostrar o que é certo ou errado, mas de permitir uma reflexão sobre questões relevantes da jornada e de que forma podem impactar na transformação almejada. A leitura dos cruzamentos dos pilares estratégicos, com as ações estruturantes, vai levar a uma identificação do momento de sua organização e do seu nível de maturidade. O resultado disso não deixa de ser um diagnóstico de saúde organizacional, como já falei, uma das peças fundamentais para dar os primeiros passos na transformação cultural.

Para a construção desse *roadmap*, levei em consideração três metodologias, que se propõem a identificar o nível de maturidade digital de uma organização. A primeira é a desenvolvida pela consultoria McKinsey, que avalia mais de trinta práticas de gestão corporativa. Elas estão divididas em cinco blocos: estratégia; organização e talentos; entrega e cultura ágeis; capacidades — de tecnologias e dados —; e adoção e escala.

Com relação à estratégia, ela adiciona outros elementos e variáveis, em relação ao planejamento tradicional, como a visão ousada e de longo prazo, o alinhamento e comprometimento dos executivos, o foco no cliente, a conexão aos ecossistemas, plataformas e parcerias. Na questão da organização e talentos, observa como a liderança está sendo trabalhada, se existe uma estratégia com relação à atração e retenção de pessoal, principalmente para a área de inovação. Na entrega e cultura ágeis, entram fatores como velocidade e agilidade, o apetite ao risco e a colaboração interna.

A metodologia também leva em conta como estão montadas a estratégia e a arquitetura de tecnologia da informação, se a empresa possui uma plataforma de dados que permita extrair valor do que já possui em casa, se opera em redes, entre outros pontos. No último item analisado pela McKinsey — adoção e escala —, entram a abordagem de escalonamento, a gestão da transformação e a mensuração do impacto. A leitura dessas trinta práticas de gestão vai gerar um quociente digital, classificando a organização em três grupos — o dos emergentes digitais, o dos outros e o dos líderes digitais. O resultado disso sinaliza o quanto a empresa está preparada para fazer a sua inflexão no digital, em relação à aceleração da disrupção do segmento em que se encontra.

Outra referência que usei como embasamento para o *roadmap* é o modelo de medição do nível de maturidade da transformação digital[35], da Cesar School. Ele leva em conta oito dimensões, olhando para dentro e para fora da organização. É uma leitura bastante semelhante à realizada pela McKinsey, mensurando o nível de transformação das empresas brasileiras. O foco da Cesar School está na questão de cultura e pessoas, nos consumidores, na concorrência, na inovação, nos processos organizacionais, nos modelos de negócios, nos dados e ambiente regulatório e nas tecnologias habilitadoras.

Há uma terceira metodologia — que me inspirou bastante quando construí a minha função de CTO —, que foi extraída do livro do Nicholas D. Evans, o Master Digital Business[36]. Evans estabelece quatro pilares fundamentais para a transformação digital de uma organização.

O primeiro é estratégia e visão, que vai muito além de um planejamento estratégico tradicional; tem que envolver foco e investimento no digital. O segundo se refere à área de pessoas e cultura, sempre recordando que todo o processo começa pelas pessoas, pelas suas habilidades, pelo desenvolvimento da liderança e de uma cultura de inovação.

O terceiro está alicerçado no processo e governança, aqui abrangendo os sistemas para a inovação digital, a mudança do gerenciamento e a governança de dados. O último aborda a tecnologia e

35. Índice Cesar de Transformação Digital – ICTd. Disponível em <https://transformacao.cesar.org.br/>. Acesso em: 28 jan. 2022.
36. EVANS, Nicholas D. *Mastering Digital Business*: how powerful combinations of disruptive technologies are enabling the next wave of digital transformation. USA: BCS, 2017.

competências, remetendo às novas ferramentas que a organização precisará incorporar ao seu dia a dia, as novas plataformas e modelos de negócios e domínio do serviço digital.

Outra referência importante, para quem dar o pontapé inicial nessa jornada, é o livro do professor da Columbia Business School, David L. Rogers, sobre transformação digital[37], que percorre assuntos que já estamos acostumados, mas pela ótica da ressignificação. Ele fundamenta a transformação digital em uma estratégia de cinco domínios — dos clientes, da nova competição, dos dados, da inovação e da geração de valor.

Para Rogers, a transformação digital não é sobre fazer avanços em tecnologia, mas principalmente sobre estratégia. "É um desafio de como as empresas estabelecidas antes da era digital, da internet, precisam se adaptar, mudar para continuar crescendo. Elas necessitam de novas ferramentas para fazer o que faziam antes, de uma maneira mais barata, mais rápida, em diferentes canais." Em resumo, Rogers propõe que o negócio seja repensado como um todo.

SER ANALÓGICO, ESTAR DIGITAL E SER DIGITAL

A transformação cultural e digital pressupõe, como ponto de partida, uma organização que nasceu no século passado, isto é, com mentalidade, processos e sistemas analógicos. Em contraponto às empresas que surgiram nas últimas duas décadas, utilizando as novas tecnologias, e que por isso são, na sua essência, chamadas de digitais. Estas últimas já foram pensadas digitalmente, ou seja, com produtos e serviços baseados na experiência do cliente, enquanto as analógicas cresceram e acabaram se distanciando cada vez mais do seu público.

---

37. ROGERS, David L. *Transformação Digital*: repensando o seu negócio para a era digital. Belo Horizonte: Autêntica Business, 2017.

Ao se estruturar um *roadmap* de transformação cultural e digital para as organizações mais tradicionais, dois movimentos são estratégicos no processo. O primeiro acontece ao se traduzir sistemas analógicos para o digital — o ser analógico começa a estar digital. O segundo já representa um passo adiante, pois se propõe a criar processos, produtos ou serviços que já nasçam pensadamente digitais — o estar digital evolui para o ser digital. Muitas empresas acabam propalando que estão se transformando digitalmente, quando apenas estão traduzindo os seus sistemas analógicos para o digital.

Por exemplo, podemos citar uma instituição financeira tradicional, analógica, com agências físicas e que queira se tornar um banco digital. Ela pode pegar o desenho de sua operação analógica e simplesmente colocar em uma plataforma digital. Mas, se quiser oferecer um serviço 100% pensado digitalmente, precisa entender o comportamento do novo consumidor e que tipos de serviços financeiros ele busca. Talvez, o resultado dessa investigação não combine mais com os produtos ou com a forma como esse banco oferece os seus serviços.

Não há nada de errado com uma empresa optar por traduzir os seus sistemas analógicos para o digital, mas, com o tempo, ela precisa evoluir para produtos pensadamente digitais. Há um caminho que acelera muito essa transformação, que envolve a conexão com *startups*, pois elas já trazem soluções concebidas digitalmente. Talvez o melhor dos mundos seja a empresa fazer os dois movimentos simultaneamente, utilizando a estratégia de ambidestria que comentamos anteriormente. Enquanto digitaliza alguns de seus processos analógicos, vai se conectando com *startups* e ecossistemas de inovação para incorporar os 100% pensados digitalmente ao seu portfólio. Por isso, o *roadmap* contempla os dois círculos, que começam a se movimentar, paralelamente, até atingirem a maturidade e se fundirem em um só.

Para girar a roda da transformação, são necessários investimentos em mudanças de sistemas, de processos e no desenvolvimento das lideranças. Quanto mais rápido eu girar a roda da transformação cultural, mais rápido consigo me conectar com o mundo dos novos negócios digitais. Da mesma forma, quanto mais iniciativas eu tiver em plataformas e negócios digitais, mais acelero o processo de mudança de mentalidade na organização. O sucesso da jornada vai culminar com a junção desses dois círculos, gerando o que chamo de uma empresa em aceleração, quando ocorre a integração de sua estratégia tradicional com a digital.

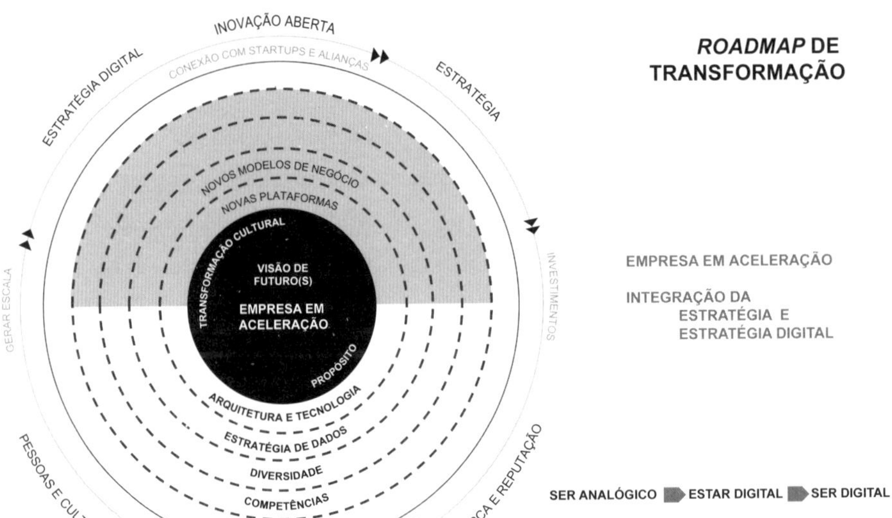

Fonte: o autor

Fig.26 - A empresa em aceleração

ESTABELECENDO OS QUATRO PILARES

Assim como em uma construção física, onde os pilares são fundamentais para manter de pé a estrutura de um edifício, há quatro pontos essenciais para sustentar o *roadmap* da transformação de uma organização. São eles: a definição de uma estratégia digital para a se somar à tradicional, o olhar e as ações sobre pessoas e cultura, além de atenção à marca e reputação.

Vou detalhar cada um deles, que certamente irão permear toda a jornada de mudanças, ora com menor ou maior intensidade, mas estarão sempre presentes.

ESTRATÉGIA DIGITAL X PLANOS ESTRATÉGICOS TRADICIONAIS

Uma das perguntas que sempre me fazem é se a empresa deve estabelecer as duas estratégias, a tradicional e a digital, separadamente. A minha experiência me leva a responder que sim, inclusive com orçamentos distintos, principalmente no início da jornada transformacional. É a evolução do processo, ao longo do tempo, que vai fazer com que a separação deixe de existir na empresa em aceleração que já entendeu a transformação.

Algumas organizações optam por juntar as duas estratégias, o que é possível, mas eu considero um movimento arriscado. Isso porque a estratégia digital envolve vários elementos bastante novos, que podem ser interpretados como ameaças pelo sistema imunológico da empresa. Novamente, aqui não tem certo ou errado, é importante saber o que faz mais sentido para a organização.

Onde atuo, a opção foi por separar as estratégias, mas vale fazer uma leitura do ambiente e do ponto de partida de cada empresa. Já em algumas entidades menores, onde eu também participei do processo, unificamos as estratégias no início, mas havia proporcionalmente mais pessoas que entendiam a necessidade da mudança.

Assim, vamos considerar a estratégia digital, que envolve narrativas, competências e articulações diferenciadas dentro de uma empresa ainda analógica, como o primeiro pilar do nosso *roadmap*. Ela vai demandar a alocação de recursos financeiros para a área de tecnologia da informação, que poderá responder por 10% a 15% dos investimentos totais da organização. Por isso, é importante que a alta administração esteja comprometida com o processo — ela não precisa saber o que fazer ou como fazer, mas deve compartilhar e apoiar essa visão de futuro. Aqui, cabe registrar a minha experiência como CTO: é importante a nomeação de um líder com credibilidade e poderes para fazer a transformação. É ele quem irá articular os atores e as ações necessárias, principalmente nas empresas com estruturas gigantescas.

No digital, a estratégia está fortemente baseada no conhecimento do cliente e de suas prioridades, fazendo com que a empresa olhe não apenas para o seu portfólio de produtos e serviços do momento. Vai demandar um mergulho profundo na mudança de comportamento do consumidor e na reavaliação de seus produtos e serviços para identificar em que medida eles ainda atenderão às demandas de seu público. Por isso, há a necessidade de se montar uma estrutura clara de dados e incorporar ferramentas, como a inteligência artificial, para ajudar a identificar oportunidades de negócios no futuro.

Para a aplicação da estratégia digital, eu recomendo a priorização de cinco a dez temas, nos quais a empresa irá concentrar suas ações, estruturas e recursos financeiros e de pessoas. As novas estratégias de *zoom in*, *zoom out* e *foresight*, que vimos no capítulo 3, também são importantes no planejamento para o digital. Ou seja, o foco vai estar em projetos diferenciados, de curto prazo (seis a doze meses), mas que já incorporem fragmentos de futuros possíveis, num horizonte de dez a quinze anos — o exercício do *foresight*. Claro que esse "futuro" pode se tornar cada vez mais próximo para os segmentos que já atingiram um nível alto de disrupção, como varejo e finanças.

A organização precisa assimilar a tecnologia que será demandada nos novos negócios. A adoção de plataformas digitais ganha importância, uma vez que a tendência futura está em tirar o foco do produto e olhar o sistema integrado, isto é, não pensar apenas em um implemento rodoviário, mas na mobilidade como um todo. Com o avanço da transformação, surgem possibilidades de alianças estratégicas, permitindo somar as capacidades internas com as de parceiros externos. Ressalvo que é importante, também, fomentar o ecossistema local de inovação, dentro da nova lógica de não andar mais sozinho. A estratégia digital, assim, não deve ser apenas da sua empresa, mas estar conectada ao seu ecossistema de inovação.

O segundo pilar do *roadmap* são os nossos velhos conhecidos planos estratégicos, aqui chamados de estratégia tradicional, que contemplam as ações da empresa, para um período de três a cinco anos. Esses planos continuam sendo muito importantes, porque são eles que farão com que a atual operação da empresa continue lucrativa, para bancar a transformação e os novos negócios. A dica seria deixá-los mais leves, definindo ou revisitando os rituais de planejamento.

A minha experiência como CTO mostra que isso é possível. Nós operamos em conjunto a área de pessoas e cultura com a da estratégia tradicional, mais a inovação e parte da tecnologia de inovação, e conseguimos com isso acelerar o processo. Utilizamos muitos dos rituais que já existiam do processo de planejamento estratégico para reformulá-los, no sentido de apoiar o processo de transformação de cultura e digital como um todo.

O FOCO EM PESSOAS E CULTURA

O terceiro pilar do nosso *roadmap* envolve uma forte estratégia em pessoas e cultura, que é o grande foco da transformação. Aqui não estamos mais falando da operação transacional de recursos humanos, mas daquela integrada à estratégia da organização e que ajuda a construir as pontes necessárias para a mudança das pessoas e o desenvolvimento das lideranças. A área de pessoas e cultura deve estar atenta às novas formas de trabalho e competências exigidas, à importância da diversidade, à reformulação de processos que não condizem mais com o contexto atual.

Muito já falamos sobre a necessidade de se diminuir as estruturas hierárquicas e ampliar o trabalho em redes, mexer na arquitetura organizacional. É a área de pessoas e cultura quem ajudará nessa articulação, principalmente num primeiro momento, em que conviveremos com um sistema dual — de comando vertical e de redes — em operação.

A questão do recrutamento de talentos para o digital será uma das primeiras dores de cabeça a serem enfrentadas. A natureza dos trabalhos em tecnologia da informação, que não exige a presença física do profissional, leva o apagão de talentos a outra dimensão, numa competição que passa a ser disputada não mais regionalmente, mas numa seara global. O processo de aquisição e integração de talentos e tecnologias digitais é peculiar, vai exigir pessoas dedicadas a estabelecer canais de conexão diferenciados na organização.

Para articular esses novos talentos da tecnologia, surge a necessidade de um profissional específico para o digital, o CDO (*Chief Digital Officer*). Como nas indústrias, onde o coração está no engenheiro de produto, que faz a orquestração com os demais atores, o CDO passa a ser o arquiteto tecnológico dos novos serviços e soluções. A estratégia de pessoas e cultura envolve ainda temas como a alfabetização para o mundo digital, a substituição do medo do erro por uma cultura de assumir riscos, e a adoção de novos sistemas de reconhecimento financeiro e não financeiro. Sobre este último item, é bom lembrar que o reconhecimento financeiro geralmente está atrelado ao crescimento do profissional na hierarquia da empresa. Esse sistema não condiz mais com o trabalho em redes, em que a pessoa pode não ter um título, mas ser fundamental para a execução de determinado projeto.

A epidemia do covid-19 também escancarou a necessidade de se pensar em novas formas de trabalho, que vão além do *home office* e da derrubada de fronteiras para os talentos digitais. A questão da saúde mental também entra cada vez mais em pauta. O entendimento da cultura e a escuta ativa das pessoas se tornou fundamental para acelerar a transformação. Por isso, eu reforço que os líderes, formais e informais, precisam cada vez mais ser um pouco gerentes de pessoas e cultura. Quando falamos em resgate da essência da liderança é justamente para dedicar mais tempo às pessoas, para criar narrativas, influenciar e inspirar movimentos.

ATENÇÃO À MARCA E À REPUTAÇÃO

O quarto e último pilar do nosso *roadmap* chama a atenção para marca e reputação. Enquanto a marca é o que dá visibilidade e diferencia uma pessoa ou uma empresa de outra, a reputação é o que os outros pensam de nós ou das organizações. O presidente da Randon, Daniel Randon, costuma dizer que, antigamente, as empresas quebravam por falta de caixa; hoje, elas ainda quebram por falta de caixa, mas também por falta de uma boa reputação.

Comecei a me dar conta que não é suficiente conduzir um processo de transformação, é preciso contar essa história. É importante comunicar a evolução da empresa, como ela está deixando de ser 100% analógica, se tornando mais leve e ganhando agilidade em seus processos. A comunicação tem que atingir todas as partes envolvidas, desde o público interno, os clientes, os investidores e a comunidade em geral.

A tendência cada vez maior, inclusive, é a integração da estratégia de comunicação com o marketing. Não dá mais para trabalhar de uma maneira a comunicação para a equipe interna, de outra para o público externo e de uma terceira forma as ações mercadológicas. Ocorre que o público interno, muitas vezes, é também consumidor dos produtos das empresas. Não existem mais fronteiras entre onde acaba o funcionário e onde começa o cliente.

Outro ponto importante é como as lideranças se comunicam com o ambiente externo, pois são cada vez mais vistas como porta-vozes das organizações. Ao se posicionarem sobre determinado assunto nas redes sociais, acabam impactando de alguma forma a reputação da empresa. Ao mesmo tempo em que a empresa dá a oportunidade de se falar por ela, o seu líder acaba emprestando também toda a sua bagagem, para o bem e para o mal.

A reputação de uma empresa tradicional começa a mudar na medida em que ela for sinalizando que está aderindo ao novo contexto transformacional. Essa comunicação, vale a ressalva, precisa ser legítima. Lembram que mencionei que muitas empresas acabam propalando estar se transformando digitalmente, quando, na verdade, estão apenas traduzindo os seus processos analógicos para o digital? Então, se as ações não forem verdadeiras, melhor não comunicar.

Uma outra questão reforça a minha convicção em colocar marca e reputação como um dos pilares críticos do *roadmap*. É o *employer branding* (marca do empregador, em português), que será cada vez mais importante para a atração e retenção de talentos. Dificilmente, uma indústria atrairá os talentos que necessita para a sua transformação — eles irão preferir as empresas tecnológicas — se não mudar a forma como é percebida. Já mencionamos que as pessoas estão em busca de um propósito, mais do que de uma remuneração.

Por isso, a importância de criar uma narrativa para se conectar com esses profissionais de tecnologia. No fim do dia, como constata o consultor em posicionamento de marcas, Arthur Bender, acontece um círculo virtuoso. "As empresas que têm uma imagem de alta performance acabam atraindo gente de alta performance. O contrário é verdadeiro, empresas medíocres atraem gente medíocre."

IMPLEMENTANDO AS CINCO AÇÕES ESTRUTURANTES

Com os pilares já sedimentados, é hora de começar a implementar as ações estruturantes do nosso *roadmap*, que são transversais a toda a organização. Elas estão divididas em cinco frentes de ataque: arquitetura e tecnologia, estratégia de dados, diversidade, competências e liderança. É o cruzamento de cada ação estruturante com um determinado pilar estratégico que vai ajudar a fazer um diagnóstico organizacional, fundamental para o movimento transformacional acontecer.

Se o intuito é o de se integrar ao contexto digital, não tem como uma empresa avançar sem incorporar as novas tecnologias, seja para desenvolver soluções internas ou se plugar externamente. As duas primeiras ações estruturantes — arquitetura e tecnologia e estratégia de dados — envolvem ações básicas para se estar no digital. Passam pelo desenvolvimento de uma infraestrutura mínima de tecnologia, que permita à empresa, por exemplo, estar na nuvem computacional para se conectar a outras plataformas, *startups* e ecossistemas de inovação. É necessário também criar uma plataforma de dados para análise e tomada de decisões, o famoso *big data*, que vai demandar cientistas de dados e softwares específicos.

Ter uma estratégia clara de dados é saber como gerar valor a partir das informações dentro da organização. Arrisco a dizer que tem muito "ouro em pó", como chamamos os dados, dentro das empresas. Mas eles só terão impacto se forem trabalhados com pessoas capacitadas. Precisamos aprender a fazer uma leitura correta deles, extrair o máximo de seu valor na criação de novas soluções, produtos ou serviços.

Como iremos operar cada vez mais com informações dos nossos clientes e compartilhar dados internos da organização, é fundamental prestar atenção às questões de segurança e LGPD[38]. Há dois riscos a se evitar, o de se usar indevidamente os dados dos clientes e o de sofrer ataques cibernéticos, que têm levado empresas a ficarem paralisadas por dias.

A área de tecnologia da informação (TI) precisa ser reorganizada como um todo, adotando ferramentas e capacidades para a entrega ágil de iniciativas. Via de regra, as áreas de TI ainda estão trabalhando por projetos longos, por isso a importância de mudança na cultura interna. Então, se eu cruzar a estratégia digital com arquitetura e tecnologia ou a estratégia de dados com pessoas e cultura, há muito a se fazer. E, se eu não fizer nada, isso impactará a marca e a reputação.

Como a era digital preconiza que eu não posso mais andar sozinho, também não posso mais andar apenas com pessoas que pensam e agem igual a mim. Chegamos à terceira ação estruturante — a diversidade. Ela engloba muito mais do que questões de raça, gênero ou orientação sexual. Envolve ainda a inclusão de pessoas com diversidade no pensar, que questionem o status quo, o modelo de gestão, que tragam complementaridade à equipe. O fortalecimento da cultura inclusiva ainda é um tema de casa para a maior parte das organizações, principalmente as mais tradicionais. Tudo começa com o comprometimento institucional.

Só vou alcançar a diversidade quando os grupos minorizados aumentarem o seu espaço dentro das organizações. Por exemplo, com

38. Lei Geral de Proteção de Dados Pessoais, que salvaguarda a privacidade das pessoas, sancionada em agosto de 2018.

relação às mulheres em posições de liderança, eu preciso ter uma representatividade mínima de 30% para poder dizer que tenho uma diversidade de gênero. Isso vale para negros ou para as gerações mais experientes, que estão sendo discriminadas em muitos postos de trabalho — o que é um disparate. A mescla de gerações pode ser um grande diferencial para a organização no processo de transformação. Não podemos desperdiçar os representantes de gerações anteriores, que sabem tocar muito bem o modelo tradicional e que já estão se conectando ao novo, mesmo que com alguma dificuldade em relação aos mais jovens.

O aumento da diversidade depende da adoção de novos processos e da revisão de outros mais antigos para garantir a equidade. Muitas vezes, no recrutamento, a escolha se dá pela pessoa mais competente, mas nem sempre essa é a melhor decisão do ponto de vista da diversidade. Nem todos os candidatos tiveram as mesmas oportunidades de educação e isso precisa ser considerado, se a vontade for realmente mudar a organização.

As duas últimas ações estruturantes — competências e liderança — foram bastante abordadas nos capítulos anteriores. Já estamos convencidos de que, se quisermos gerar processos, produtos ou serviços inovadores, precisaremos desenvolver competências diferentes. Aqui entram temas como a substituição de comandar e controlar por influenciar e inspirar, a criação de narrativas e o uso da ambidestria organizacional, entre tantas outras competências exigidas para a liderança. É preciso fazer um mergulho mais atento e olhar também para a liderança informal, para os técnicos da organização, os operadores do dia a dia — todos precisam aprender e reaprender dentro do contexto digital.

A velocidade com que vão girar os dois círculos do *roadmap* — o da empresa em transformação e o dos novos negócios digitais — depende muito da capacidade do líder de identificar onde estão as barreiras nos cruzamentos dos pilares e das ações estruturantes. É ele quem vai escolher as prioridades da empresa, em paralelo à estratégia de ambidestria. Ou seja, ao mesmo tempo em que a organização possui iniciativas de conexão com *startups* e desenvolve novos modelos de negócios, busca sinergias com a sua operação tradicional. É um processo dinâmico.

NASCE A EMPRESA EM ACELERAÇÃO

Após algum tempo na jornada de transformação, conforme a organização adquire maturidade digital e os novos negócios ganham fôlego, há uma tendência de todo o movimento tomar velocidade. É quando a organização entra no que eu chamo de processo de aceleração, quando os dois círculos acabam se fundindo. Aquela pista de chão batido, que foi pavimentada, passa a ter um aviãozinho que começa a ganhar velocidade para decolar. O trabalho de base, que é a transformação de cultura, mostra que atingiu o seu objetivo.

Essa é uma jornada que pode levar anos e depende muito da complexidade, do tamanho da empresa e do nível de resistência à mudança que ela apresenta. Mas chega um momento em que eu consigo ver com clareza a mudança do desenho desse *roadmap*, que dá forma a uma empresa em aceleração. Os dois círculos se tornam um só, mais robusto, trazendo novos negócios e plataformas digitais integrados no centro da organização.

Assim, a estratégia de ambidestria não é mais necessária — foi útil no início, para tracionar a jornada de transformação, já cumpriu a sua missão. Um dos maiores desafios do processo de transformação, que é treinar o sistema imunológico para reconhecer que o muito diferente, ou o disruptivo, não representa necessariamente uma ameaça para a empresa, foi vencido. Nesse momento, podemos dizer que houve uma real transformação de cultura na organização.

Todas as ações inovadoras passam a ser integradas na empresa-mãe, nada mais precisa ficar na clandestinidade para sobreviver. Os novos modelos de negócios, as plataformas digitais, a conexão com *startups*, as alianças estratégicas, tudo opera dentro de um único círculo de crescimento. A essa altura, os pilares um e dois — de estratégia digital e da tradicional — se tornaram um só, e os investimentos estão sendo distribuídos para onde for mais conveniente. O cruzamento dos pilares com as ações estruturantes ganha novos recheios, particulares a cada organização.

Por exemplo, a estratégia digital, analisada com a camada de liderança, pode apontar para a necessidade de uma ação dentro da organização quase de alfabetização digital para os líderes. Ou então, ao se cruzar pessoas e cultura, com marca e reputação, pode demandar um reforço no *employer branding*, para a atração de novos talentos para a área de tecnologia ou para aumentar a diversidade na contratação. A estratégia de *foresight* já deve ter sido incorporada ao ciclo de planejamento organizacional.

A empresa passa a exercitar um planejamento operacional, para o período de seis a doze meses; um estratégico, para três a cinco anos, e o *foresight*, de cinco anos para cima, fazendo o uso do *zoom in* e *zoom out* para ter projetos vencedores no curto prazo. Essa é uma questão importantíssima, para não se correr o risco de criar produtos com tecnologias que já estarão defasadas ao chegarem ao mercado.

Há uma série de outras iniciativas que poderíamos citar como reflexos dos avanços propiciados pela transformação, num *roadmap* que pode ser dividido em ciclos. O primeiro deles é quando as duas estruturas, ou dois círculos, operam em separado, exigindo muito da estratégia da ambidestria para ir treinando o sistema imunológico. Numa segunda etapa, com as estruturas já fundidas, é que os benefícios ficam evidentes.

Não dá para rodar uma empresa em aceleração com a lógica da escassez, assim como não dá para operar um sistema integrado apenas com comando e controle, estruturas verticais pesadas, vaidades e egos; é preciso dispor de atuações também em redes. Isso porque toda a parte digital e os novos modelos de negócios já operam em redes, e isso acaba contaminando toda a organização.

Uma coisa puxa a outra, e a empresa só estará em aceleração, realmente, se contar com uma arquitetura tecnológica bem montada, com estratégia de dados e profissionais qualificados para operá-la. A organização já entendeu, também, que não pode mais caminhar sozinha, mas em redes e com os ecossistemas, num modelo de inovação aberta. O trabalho em parcerias, a conexão com *startups* e as alianças estratégicas indicam os novos caminhos a percorrer, num leque bastante aberto. Muitas vezes, as alianças estratégicas podem acontecer apenas em alguns processos em que são capturadas sinergias, como a rede de vendas.

Quando os círculos da mudança já foram unificados, o ser analógico, estar digital ou ser digital passam a ser irrelevantes para a organização. Ela terá elementos que continuarão analógicos, porque não geram prejuízo, como terá processos que foram apenas digitalizados e não precisam ir além disso. O importante é que a empresa terá um número de sistemas, processos, soluções, serviços ou produtos para seus clientes já concebidos com toda a lógica do digital.

O sistema imunológico, além de não barrar as novas iniciativas, vai oferecer uma proteção ainda maior do que no passado. É ele quem irá alertar sobre a falta de ousadia para a temática da inovação e da disrupção. O sistema imunológico começa a avisar quando a empresa está muito estagnada, pede para dar uma conferida no *foresight*, se não ficou nada desapercebido.

As empresas que chegam a esse estágio acabam mudando também a sua governança. Os seus conselhos de administração passam a contar com outros perfis de conselheiros e a exercer outro tipo de atuação. Eles já entenderam a transformação e começam a cutucar os seus executivos para ver se estão se desafiando o suficiente com relação à inovação, a novos projetos, à disrupção. O assunto transformação já está na pauta do *c-level*[39], bastante provocado pelo encontro com as diferentes gerações. Quem consegue fazer a sua mudança passa a inspirar outras organizações, outros executivos, outras pessoas a repetirem o mesmo movimento.

Por estar vivendo isso na prática, me reinventando como executivo ao longo de todo esse processo, e precisando me desapegar de algumas coisas, desaprender e reaprender outras, eu consigo falar de uma jornada possível. Ela traz muitos benefícios, inclusive o de poder inspirar mais e mais pessoas, mais e mais movimentos, mais e mais organizações a buscarem esse mesmo caminho. Isso passou a fazer da minha jornada pessoal, como ser humano e educador; foi muito além da minha atuação profissional, como executivo. O meu conselho é: por mais difícil que seja o caminho, não podemos arrefecer. Se desistirmos, alguém já está fazendo ou fará o necessário em nosso lugar e nós ficaremos de fora desse jogo.

Temos uma grande oportunidade, como líderes e protagonistas, para entender essas novas demandas, criar as narrativas para influenciar mais pessoas e movimentos, conduzir as ações práticas, obter as vitórias rápidas e aumentar cada vez mais o exército da transformação. A jornada nunca acaba, outros elementos serão agregados, mas precisamos buscar sempre uma posição na linha de frente, com o pioneirismo de estar fazendo antes da grande maioria das outras organizações e pessoas.

39. Executivos da alta gestão de uma empresa.

QUADRO PARA REFLEXÃO – O *ROADMAP* DE TRANSFORMAÇÃO QUE LEVA UMA EMPRESA À ACELERAÇÃO

O *roadmap* que eu construí pode ser visto nas suas duas fases. Na primeira (veja a figura 25), eu separo o círculo de transformação da empresa e o círculo de possibilidades de novos negócios digitais. O que conecta as duas estruturas é a visão de futuro para a organização, estabelecendo uma relação de causa e efeito entre os dois movimentos.

À medida que acelero o círculo de transformação da organização, mais rapidamente consigo me conectar com o novo contexto digital. Da mesma forma, quanto mais iniciativas inovadoras eu desenvolver no digital, mais acelero a mudança cultural da organização. Em determinado momento (veja figura 26), os dois movimentos vão se fundir e virar um só, revelando uma empresa em aceleração, decolando para o mundo digital.

CAPÍTULO 6

A TRANSFORMAÇÃO EXTRAPOLOU PARA O ECOSSISTEMA

No fim de setembro de 2021, um sentimento misto de gratidão e de realização pessoal tomou conta de mim, ao assinar o termo de cooperação entre o Instituto Hélice, o Instituto Caldeira e a Aliança Empresarial do Norte/RS. As três iniciativas de fomento à inovação, da serra gaúcha, da região metropolitana de Porto Alegre e do norte do Rio Grande do Sul, respectivamente, se propuseram a desenvolver ações conjuntas para transformar as organizações de seu entorno.

Como um dos idealizadores do Hélice, recordei-me de quando ele era apenas um movimento de alguns "CPFs inquietos", em 2018, e percebi a dimensão que alcançou, possibilitando às empresas a inovação colaborativa, além das nossas fronteiras regionais. É interessante frisar que, naquele momento, o Rio Grande do Sul ainda não constava no mapa dos ecossistemas de inovação do Brasil. Hoje, já estamos entre os estados que apresentam os ecossistemas mais pujantes do país.

O que faltava para o Rio Grande do Sul desenvolver os seus ecossistemas de inovação não eram recursos financeiros, nem universidades para parcerias, muito menos empresas com problemas para resolver. Na nossa análise, o fundamental era adotarmos uma nova lógica de pensar e agir. Quando fui conhecer os ecossistemas de inovação, tanto nos Estados Unidos como em Portugal ou os espalhados pelo Brasil, ficou claro que o grande segredo era o espírito colaborativo, que extrapolava os muros das organizações.

O pulo do gato estava nas empresas trabalhando juntas, trocando experiências entre elas e se relacionando com *startups*. Tudo fez sentido para mim, quando comecei a entender a nova lógica da abundância. Passei a acreditar que não seria mais suficiente uma organização se transformar sozinha — ela precisa estar integrada ao seu ecossistema de inovação, à comunidade do seu entorno.

Mesmo antes de conhecer a teoria por trás da lógica da abundância, eu já estava colocando-a em prática com o UniTEA, o Instituto Unidos pelo Autismo, que criei com a minha esposa, Raquel. Tanto o UniTEA como o Hélice começaram como movimentos, bem antes de se tornarem institutos. Ambos surgiram com um — o autismo e a inovação colaborativa, respectivamente — e com uma rede de atores ao seu redor entregando suas competências.

Por isso que a Charlene Li reforça a importância de se inspirar movimentos e pessoas, estabelecer um propósito comum e atrair os primeiros seguidores. Ainda sem ter esses conceitos na minha cabeça, percebi, na prática, o valor desses movimentos, que crescem muito rapidamente, viralizam e geram resultados.

O interessante é que, uma vez que você virou a chave, trocou a lógica da escassez pela da abundância, não se restringe a transformar apenas a si próprio ou a uma organização. Essa é a razão do meu empenho pela causa do autismo e da inovação — me sentiria subaproveitado se eu não ampliasse os meus desafios para o ecossistema.

OS APRENDIZADOS DO UNITEA

O ponto pacífico, em qualquer processo de transformação, é que não se faz mais nada sozinho; essa é a primeira ficha que tem que cair para todos nós. Gosto de lembrar do *case* do UniTEA[40], que começou com uma questão pessoal — o fato de a minha filha, Sophia, estar dentro do espectro autista —, mas já está impactando quase quatrocentas famílias da serra gaúcha. Mostra que colocar um propósito no centro e envolver o coletivo é poderoso, traz resultados de uma forma muito acelerada.

O UniTEA acabou sendo a minha primeira experiência marcante dentro da lógica da abundância, que eu levei depois para a construção do Hélice e para ajudar a transformar as organizações onde atuo. Eu, que sempre trabalhei em indústrias, acabei sendo atraído pela dimensão que o movimento que a Raquel começou em casa foi tomando, agregando voluntariamente pessoas em torno de uma causa comum, o autismo. Dei-me conta que o mesmo poderia acontecer com a causa da inovação e a da transformação para o mundo digital.

Considero que o UniTEA começou a nascer, ainda em 2014, quando voltei com a minha família para Caxias do Sul, depois da temporada de expatriação corporativa nos Estados Unidos. Na bagagem, trouxemos os nossos primeiros aprendizados sobre o universo do autismo, adquiridos em terras americanas. Lá, junto ao diag-

40. Para maiores informações, acesse: <www.UniTEA.com.br>. Acesso em: 28 jan. 2022.

nóstico de autismo da Sophia, fomos acolhidos por um ecossistema organizado para dar todo o suporte às famílias. O foco não estava apenas em proporcionar melhores condições de vida para o autista, mas abraçar toda a família — o cuidar de quem cuida.

No Brasil, encontramos outra realidade; faltava informação e estrutura para tratar o autismo. Havia pouco conhecimento por parte de quem precisava cuidar dos autistas — pais, familiares, educadores, profissionais de saúde —, as associações estavam engatinhando no assunto. As escolas não estavam preparadas para a inclusão e os pediatras tinham dificuldade para identificar o transtorno do espectro autista. Enquanto nos Estados Unidos se faz o diagnóstico de autismo aos 14 ou 15 meses de vida de uma criança, no Brasil, pode levar 6 ou 7 anos. Perde-se, assim, um tempo precioso em terapias e estímulos que poderiam melhorar a qualidade de vida dessas crianças no futuro.

Em outubro de 2014, a Raquel começou a fazer um trabalho voluntário, para compartilhar o seu conhecimento com outras mães de autistas, num quiosque, nos fundos da nossa casa. Por quase um ano, nos Estados Unidos, fomos beneficiados por um programa do governo, o *Early Intervention, a Step Ahead* (Intervenção Precoce, um Passo Adiante, em tradução livre), que levava profissionais de saúde para dentro de nossa casa, para nos apoiar com informações e terapias necessárias para lidar com alguém no espectro autista. A ideia inicial da Raquel foi transferir esse aprendizado para os encontros, que começaram com duas mães apenas. Em menos de quatro anos, essa troca de experiências já estava reunindo sessenta pessoas, incluindo voluntários, como terapeutas, professores e outros profissionais.

O UniTEA acabou se tornando um instituto em 2019. Atualmente, acolhe gratuitamente as famílias de autistas, oferecendo grupos terapêuticos, com acompanhamento de assistentes sociais e psicólogas. Além disso, para os que estão em vulnerabilidade social, também distribui kits de alimentação. Por meio de voluntários e parcerias, proporciona ainda alguns atendimentos médicos gratuitos ou terapias específicas a custos mais acessíveis.

Outro projeto novo, que está sendo desenvolvido pelo UniTEA, auxilia a inclusão dos autistas no mercado de trabalho. No Brasil, a legislação garante que a criança autista frequente a escola regular, mas, quando termina o ensino médio, a maioria acaba ficando sem atividade, dentro de casa. A estimativa é que apenas 2% dos autistas têm condições de ingressar em uma universidade, tanto pelas limitações intelectuais quanto pela vulnerabilidade social.

A lógica inicial, de se colocar no centro o autismo como propósito e aglutinar ao seu redor outros atores que já estavam agindo de alguma forma, como profissionais de saúde, de educação e familiares, deu muito certo. O UniTEA funciona como um articulador: criou programas básicos, está juntando os atores e fazendo eles conversarem. Esse é o nosso papel; não vamos conseguir ser uma clínica para o au;-tismo, mas outro ator pode fazer isso, já demos um passo importante.

OS CPFS INQUIETOS QUE IMPULSIONARAM O HÉLICE

O Instituto Hélice[41] nasceu como um movimento de inovação coletiva de algumas empresas, que já realizavam esforços individuais e se deram conta que não adiantava mais evoluírem sozinhas. Antes mesmo de ter sido oficialmente criado, em setembro de 2019, o Hélice, hoje um importante ator do ecossistema de inovação da serra gaúcha, já carregava uma história bonita para contar.

O movimento foi incubado em uma câmara setorial do Simecs[42], com a ideia de unir empresas para resolver dores comuns, como a

41. Para maiores informações, acesse: <https://helice.network/>. Acesso em: 28 jan. 2022.
42. Sindicato das Indústrias Metalúrgicas, Mecânicas e de Material Elétrico de Caxias do Sul e Região.

falta de mão de obra especializada ou a absorção de novas tecnologias. Alguns CPFs inquietos criaram um projeto de inovação em conjunto, que não coube mais dentro do sindicato, e acabou gerando o instituto.

Era 2018, quatro empresas de grande porte da região de Caxias do Sul — Randon, Marcopolo, Soprano e Florense — decidiram colocar em prática uma experiência inovadora. Elas se desafiaram a resolver, de forma compartilhada, problemas comuns, buscando conexões com *startups*, com o suporte da aceleradora Ace. Em um primeiro momento, a estratégia envolvia a melhoria em processos de logística, fabricação, marketing e recursos humanos.

Embora todas as empresas já inovassem, o faziam de forma isolada e nenhuma possuía experiência com *startups*. O modelo proposto era novo para todas, por isso a sua concretização não foi um processo trivial. Gosto de salientar que o que provocou essa união dos CNPJs foram os CPFs que os representavam, pessoas inquietas, com vontade de entender as mudanças em curso e de fazer coisas diferentes. Eu, por parte da Randoncorp, o Petras Amaral, pela Marcopolo, o Paulo Gehlen, pela Soprano, e o Felipe Corradi, pela Florense.

O Corradi foi o último a se integrar ao movimento, e a sua adesão envolve um episódio interessante. Ele conta que a primeira vez que o procurei, na Florense, para falar sobre inovação colaborativa e liderança inspiradora, parecia que eu havia saído de um disco voador. Eram muitos temas novos para serem assimilados, mas o fato de as empresas embarcarem juntas facilitou o engajamento.

As primeiras conversas, entre nós, os CPFs, não foram fáceis; havia uma relutância em cada um abrir as informações, as vulnerabilidades e as dores de suas empresas. Ainda estávamos condicionados à lógica da escassez e da competição. Havia também uma disputa de poder, de quem seria o dono do Hélice, quando nos demos conta que a lógica era justamente o contrário — o que nos unia era o propósito da inovação colaborativa.

A primeira etapa a ser vencida foi nos transformarmos como pessoas físicas, para depois conseguir levar o movimento para dentro das nossas empresas — os CNPJs. Eu acredito que todos esses movimentos de inovação não aconteceriam se dependessem apenas dos CNPJs. Como são sempre muito disruptivos, são os seus CPFs, já transformados, que começam a entender as novas demandas e a influenciar as organizações.

O Hélice nasceu quebrando vários paradigmas. O primeiro foi fazer as quatro empresas trabalharem juntas para resolver seus problemas. Parece óbvio, mas o mais comum na nossa região é cada um tentar resolver tudo por si. A outra quebra de paradigma foi perceber os resultados que as conexões com *startups* estavam trazendo e como eram importantes para acelerar a mudança. Aos poucos, a lógica da abundância foi ganhando espaço e rompeu com a ideia de que uma empresa precisa crescer sozinha, ser maior, melhor ou mais bonita do que a outra. É necessário trazer junto a cadeia de fornecimento, ajudar a desenvolver a região onde ela está inserida.

Os três grandes propósitos do Hélice são articular a inovação aberta entre as empresas, colaborar para a mudança de cultura e atrair e reter talentos na região. Com o tempo, a sua atuação foi ampliada. Em vez de apenas estabelecer conexões com *startups*, foi criado um fundo para fazer investimentos em novas iniciativas empreendedoras. O Instituto passou também a avaliar o nível de maturidade de inovação das empresas, para identificar os avanços e acelerar a troca de experiências entre elas.

Há quatro níveis de maturidade possíveis. A ideia é a empresa de nível 2 apoiar a de nível 1, e assim sucessivamente. Ou seja, a empresa que avançou determinados degraus passa a ajudar a que ainda não chegou lá. Já a que apresenta o nível 4, considerada bastante madura, com práticas consistentes, atingiu um estágio de mais entregar do que receber do ecossistema. A sua visão está na atração e retenção de talentos, na transformação de cultura e em impactar a região.

O Corradi diz que a política de portas abertas para a troca de experiências entre as empresas é uma grande conquista. "É como ter o telefone vermelho, aquela linha direta com as pessoas nas empresas, para questionar e trocar informações", brinca.

O principal ativo do Hélice está na rede que estabeleceu, proporcionando a conexão com mais de 250 *startups*, num grande jogo de ganha-ganha. As grandes empresas estão aprendendo e se oxigenando com as *startups*, que por sua vez precisam de auxílio para escalar suas soluções. Ao final, temos uma mentoria de mão dupla, entre os executivos de nossas empresas e os empreendedores das *startups*.

Thomas Job, executivo do Hélice, acredita que o acesso à informação em redes será o petróleo do futuro. "Estar conectado passou a ser fundamental. Não tem como as empresas serem longevas sem inovação e relacionamento com o seu ecossistema, com a sua comunidade." Ele acredita que a inovação aberta multiplica por mil as possibilidades de uma empresa, quando comparada à desenvolvida por sua equipe interna.

Isso lembra uma frase que ouvi do consultor norte-americano John Hagel, anos atrás. Ele dizia que, às vezes, pensamos que as pessoas inteligentes estão somente dentro das nossas empresas, mas existem milhares de seres inteligentes lá fora, querendo se conectar. Ao se abrir, a empresa cria uma rede poderosa, semelhante à inteligência artificial, e começa a enxergar muito mais coisas. É como se tivéssemos mais mentes, mais olhos e mais braços, para pensar e agir.

O Hélice também oferece cursos, capacitações e passou a se articular com universidades e poder público, sempre em prol da inovação. O movimento, que começou com as quatro empresas, já reúne 26 agentes, incluindo os seus mantenedores, os associados, as instituições de ensino e os apoiadores. Além de impactar as empresas envolvidas diretamente, acaba respingando positivamente em toda a região, ou regiões, depois das parcerias recentes com outros ecossistemas de inovação.

Tudo começou com os CPFs incansáveis do início, que foram se multiplicando. Muitos receberam uma folha em branco e vieram para o Hélice, sem saber no que ia dar. Com o tempo, gostaria que o Hélice não precisasse mais existir, pois quando há a necessidade de se ter pessoas tracionando o movimento, é sinal de que o ecossistema ainda não é pujante.

Um ecossistema pujante só vai existir quando todos os atores — as empresas, o poder público, a academia e a sociedade — estiverem conectados ao propósito comum da inovação. A lógica da abundância prevalece onde os processos deixam de ter um dono, onde cada ator tem a sua importância na competência que precisa entregar para fortalecer o ecossistema.

A experiência no Instituto Hélice tem-nos mostrado, na prática, que é possível chegar mais longe de forma colaborativa, se libertando de egos e vaidades. É um grande jogo de ganha-ganha que começa com o abandono de algumas crenças e a incorporação de outras.

INOVAÇÃO FECHADA	INOVAÇÃO ABERTA
Lógica de escassez	Lógica de abundância
Ganha-perde	Ganha-ganha
Competição	Colaboração
Roubar/perder ideias	Compartilhar ideias
Risco de fazer errado	Risco de não fazer

Fig.27 - Novas formas de pensar e agir em um ecossistema (Fonte: o autor)

A REVOLUÇÃO DE UM SINDICATO

Além de eu ter ajudado a colocar de pé os institutos UniTEA e Hélice, também participei de uma transformação bastante importante no Simecs, um dos maiores e mais tradicionais sindicatos do Rio Grande do Sul. Com mais de 60 anos de existência, o sindicato, que representa o setor metalmecânico de 17 municípios da serra gaúcha, focava a sua atuação em pautas de negociação coletiva. A situação era confortável; ele defendia os interesses da indústria associada, que, religiosamente, cumpria com a contribuição sindical obrigatória.

Quando, no governo de Michel Temer[43], a reforma trabalhista[44] tornou essa contribuição facultativa, o Simecs sentiu que era a hora de se reinventar para não correr o risco de encolher. Foi preciso compreender como colocar o associado no centro, com o propósito de gerar mais valor para ele, oferecendo muito além da negociação coletiva.

Como cerca de 90% dos seus mais de 3.300 associados são pequenas e médias empresas, a estratégia foi repensar quais são as dores, e os desafios dessas dores, nesse novo contexto. Se para as grandes empresas já é difícil se posicionar ou fazer a sua transformação, para as micros e pequenas a tarefa se torna ainda mais desafiadora. Como não tinha condições de trazer para o sindicato todas as ferramentas e tecnologias que atendessem às necessidades dos associados, o Simecs passou a se posicionar como um *hub* de conexões.

Estabelecemos parcerias com bancos, universidades e várias entidades da região, como Senai, Sesi, Sebrae[45] e Instituto Hélice. O sindicato passou a focar também a capacitação e qualificação de seus associados — reunindo quase 60 mil trabalhadores, mostran-

43. Presidente do Brasil de 2016 a 2019.
44. Com a reforma trabalhista de 2017 — Lei n. 13.467 —, o pagamento do imposto sindical se tornou facultativo.
45. Senai — Serviço Nacional de Aprendizagem Industrial; Sesi — Serviço Social da Indústria; Sebrae — Serviço de Apoio às Micro e Pequenas Empresas.

do a importância de eles se abrirem para parcerias e alianças estratégicas. Levou o associado a entender, por exemplo, que uma *startup* não é uma inimiga — pelo contrário, pode ser uma grande aliada para o seu crescimento nesse cenário de transformação para o digital.

O resultado de tudo isso é que o Simecs conseguiu fortalecer a sua importância diante dos associados, agregando valor às contribuições financeiras, agora facultativas. Em vez de perder receitas ou associados, aumentou todos os seus números. Ou seja, alcançou mais pessoas e não deixou de fazer as negociações coletivas tradicionais, exercitando a ambidestria que recomendei nos capítulos anteriores. O Simecs continua sendo bom no que sempre foi e adicionou ao seu portfólio novas estratégias e competências, entregando um pacote muito mais completo para o seu associado.

É importante lembrar que essa mudança no Simecs só foi possível porque identificamos muitos CPFs em sintonia, assim como aconteceu na constituição do UniTEA e do Instituto Hélice. Em comum, todos tinham a compreensão de que precisavam bancar essa mudança, pensar juntos o que fazer e como fazer, dando origem a um planejamento estratégico que guia o Simecs até hoje, independentemente de quem esteja na gestão.

A mudança no Simecs também não foi um processo fácil e sofremos a resistência de um sistema imunológico bastante defensivo. Foi necessária uma postura forte do seu presidente, Paulo Spanholi, no sentido de abrir portas e remover barreiras para a transformação acontecer. “Quando assumi, o sindicato já estava remando contra a maré, ou se reinventava, ou teria uma grande chance de fechar”, conta Spanholi. “Fizemos um esforço para mostrar aos nossos associados que as coisas mudaram, que a velocidade da informação e das tecnologias está muito rápida e que isso exige uma transformação de todos.”

Conseguimos acionar, no Simecs, os três botões que comentei anteriormente, da cabine hipotética de um avião. Ressignificamos a inovação, mexemos na estrutura e trabalhamos a liderança. Considero a transformação que iniciamos no Simecs mais parecida com a da Randoncorp, ou seja, de estruturas tradicionais, que precisam fazer a sua transição, diferentemente de entidades como o Uni-TEA ou Hélice, que já nasceram dentro de uma nova mentalidade. Como atesta Daiane Catuzzo, diretora executiva do Simecs, é um grande trabalho de mudança, que não consegue atingir a grande massa de uma só vez: "É de pouquinho em pouquinho que a gente vai fazendo o movimento de transformação acontecer."

Além de ter me dedicado à transformação do Simecs, acabei me envolvendo em projetos mais amplos. Em 2020, também assumi o conselho de inovação e tecnologia da Fiergs[46] e participo do Inova/RS, o programa de inovação do setor público. No meu caminho, tenho a sorte de sempre encontrar pessoas abertas à mudança, muitas só esperando um incentivo para partir para a ação. Marlos Schmidt é um colega no conselho da Fiergs que conta que sempre teve a visão de que as coisas precisavam ser diferentes, mas que a minha chegada potencializou a sua inquietude natural para a necessidade de transformação. "Quando encontramos uma parceria inspiracional, é mais fácil realizar as mudanças que acreditamos serem importantes", diz Schmidt.

O AGENTE TRANSFORMADOR ALÉM MUROS

Depois que embarcamos na jornada do líder transformacional, percebemos que não existirá um ponto de chegada. Eu estou me transformando como indivíduo, estou ajudando a organização onde atuo a se transformar e me envolvo cada vez mais com todo o ecossistema

46. Federação das Indústrias do Rio Grande do Sul.

de inovação que me cerca. A sensação é a de que o espírito transformador transborda e me leva a compartilhar os meus aprendizados em qualquer lugar onde eu enxergue uma oportunidade para fazer a diferença. Sou como água: vou vendo os espaços e, se deixarem, vou ocupando-os. Mas só avanço quando sinto que é algo importante e relevante para a causa — no caso, a da transformação.

Quando você se coloca como um agente transformador, fica fácil identificar outros CPFs que estão em sintonia e iniciar movimentos de mudança. Acredito que faz parte das novas estratégias do líder gerar impacto positivo também no seu ecossistema. Essa nova forma de pensar está bastante alinhada aos conceitos do capitalismo consciente, que ganhou força nos Estados Unidos nas últimas duas décadas.

Entre os seus princípios está o de as organizações gerarem lucro com propósito e impacto positivo em suas comunidades e regiões. As empresas precisam inspirar, engajar e energizar os seus funcionários e consumidores. Os líderes conscientes devem harmonizar os interesses de todas as partes impactadas por uma empresa, os chamados *stakeholders* — funcionários, clientes, acionistas e comunidade em geral.

O movimento do Capitalismo Consciente já se disseminou em várias partes do mundo. No Brasil, estabeleceu-se em 2013 o Instituto Capitalismo Consciente, que contabiliza cerca de duzentas empresas associadas, entre elas Gerdau, Klabin e Sicredi.

Quando você consegue se reinventar como líder, entendendo a nova lógica da abundância e colocando o propósito no centro, você está falando de um capitalismo consciente. Você se torna menos ego e mais ecossistema; menos poder, controle e hierarquia e mais conexão em redes e horizontalidade.

As reflexões sobre os impactos das organizações, fora de seus muros, crescem a cada dia, levantando temas importantes, como a humanização das empresas e as empresas que curam — este último abordado no livro de Raj Sisodia e Michael J. Gelb[47]. Os autores pregam que as empresas assumem o compromisso moral de aliviar e evitar sofrimento desnecessário, reconhecem que os seus funcionários são os seus principais participantes e definem, comunicam e vivem um propósito de cura.

A lógica está em pensar que a organização pode ser um lugar que gere lucro, impacto positivo e que, ao invés de adoecer, cure as pessoas. Parece ser uma evolução natural, na medida em que a empresa gera lucro com propósito, o ambiente de trabalho passa a ser um lugar desejado. As pessoas seriam felizes, adequadamente reconhecidas e não desenvolveriam quadros de estresse ou de depressão, tão comuns nos nossos dias.

A questão das empresas humanizadas, que gerou outro livro do Sisodia[48], vai na mesma linha. As empresas humanizadas seriam as que possuem um propósito de existência além do aspecto financeiro, alinhando harmoniosamente o interesse de todos os *stakeholders*. Elas remunerariam melhor os seus colaboradores, estabelecendo um menor *gap* salarial entre os cargos de liderança e as demais funções. Os seus colaboradores seriam mais bem treinados e a rotatividade seria baixa, entre outras características.

O aspecto de baixo *turnover* é de extrema importância. As novas gerações vão ter cada vez menos aderência e menos paciência com as organizações, em relação ao ambiente de trabalho e ao esforço exigido. Esse deve ser um tema estratégico para as empresas conseguirem reter os seus talentos e formarem as suas lideranças futuras.

Essa nova consciência, que passa a ser demandada nas empresas, faz surgir uma outra tendência, a dos CEOs (*Chief Executive*

47. SISODIA, Raj; GELB, Michael J. *Empresas que Curam*: despertando a consciência dos negócios para ajudar a salvar o mundo. Rio de Janeiro: Alta Books, 2020.
48. SISODIA, Raj; WOLFE, David B.; STHETH, Jag. *Empresas Humanizadas:* pessoas, propósito, performance. Rio de Janeiro: Alta Books, 2019.

Officer) ativistas. A ideia é exigir dos executivos posicionamentos públicos, em questões políticas e sociais, muitas vezes sem qualquer ligação direta com o seu mundo de negócios. Envolveria questões como as relativas ao meio ambiente, como emissão de CO_2 e geração de resíduos, ou à desigualdade social.

Essas novas ideias começam a tomar forma, tanto que, em julho de 2019, a Business Roundtable[49], uma associação que reúne os CEOs das maiores companhias dos Estados Unidos, declarou que o lucro não é o maior propósito dos seus negócios. A associação representa 230 CEOs, de empresas como JP Morgan, Amazon, Apple e Walmart, que juntas faturam anualmente mais de US$9 trilhões e empregam 20 milhões de pessoas. Na ordem de importância, essas empresas elencam o compromisso com seus consumidores, empregados, fornecedores, comunidades e acionistas. Se essa é a prática verdadeira, não sei, mas a declaração começa a existir.

AS PLATAFORMAS E OS NOVOS NEGÓCIOS DIGITAIS

A jornada transformacional de uma organização, que começa com a mudança de cultura e evolui para o digital, abre um leque de novas possibilidades. A cada dia surgem novos modelos de negócios, de plataformas, de alianças e parcerias possíveis. É um novo mundo de oportunidades que se apresenta, exigindo uma evolução contínua.

Entre os muitos professores brilhantes que eu tive na Singularity University, estava o Amin Toufani, que difundiu o conceito de *exonomics,* ou economia exponencial. O termo se refere aos efeitos das tecnologias exponenciais no funcionamento da economia. Aqui entra a ideia de que o produto ou serviço será cada vez menos relevante do que o sistema onde eu vou atuar, ou as plataformas.

---

49. Mais informações: <www.businessroundtable.org>. Acesso em: 28 jan. 2022.

Elas nada mais são do que pontes que conectam as partes interessadas. De um lado está o usuário e as suas necessidades e, de outro, o provedor, quem vai atender a essas demandas. São exemplos dessas plataformas o Airbnb, considerado a maior rede hoteleira do mundo, sem ter construído um único hotel, e o Uber, que oferece o serviço de táxi, sem ser dono de um veículo sequer.

Existe ainda um avanço desses sistemas, quando eu começo a trabalhar com diferentes plataformas conectadas, gerando um ecossistema, que pode ser de varejo, de mobilidade. Eu saio do nível de oferecer um produto, vou para uma plataforma, onde conecto as pontas, agindo como um intermediário. A tendência — e a tecnologia já está permitindo isso — é fazer com que as pontas se conectem entre si.

A tecnologia de *blockchain*, ainda bastante associada às criptomoedas, opera em blocos criptografados, quase impossíveis de serem fraudados. No futuro, ela vai permitir a eliminação dos intermediários entre plataformas, ecossistemas e sistemas de operação. Por exemplo, antes eu contratava uma empresa para agenciar o transporte de executivos, hoje eles mesmos se conectam com os motoristas através de uma plataforma. A tecnologia já possibilitou a redução de custos, eliminando a agência que fazia o serviço anteriormente, a plataforma opera em escala, mas ela continua sendo uma intermediária. A evolução do *blockchain* possibilitará a eliminação dessa plataforma, colocando o bloco do cliente e o do provedor do serviço em contato direto.

Há um outro modelo, que chamamos de sistemas de operação, quando eu percebo que não preciso mais atuar apenas no ecossistema que estou envolvido, posso me conectar a outros e as fronteiras dos negócios passam a ser mais voláteis. A Microsoft, por exemplo, é uma empresa de tecnologia ou de consultoria? A maturidade das plataformas faz com que alguns segmentos já invadam o território que supostamente seria de outros.

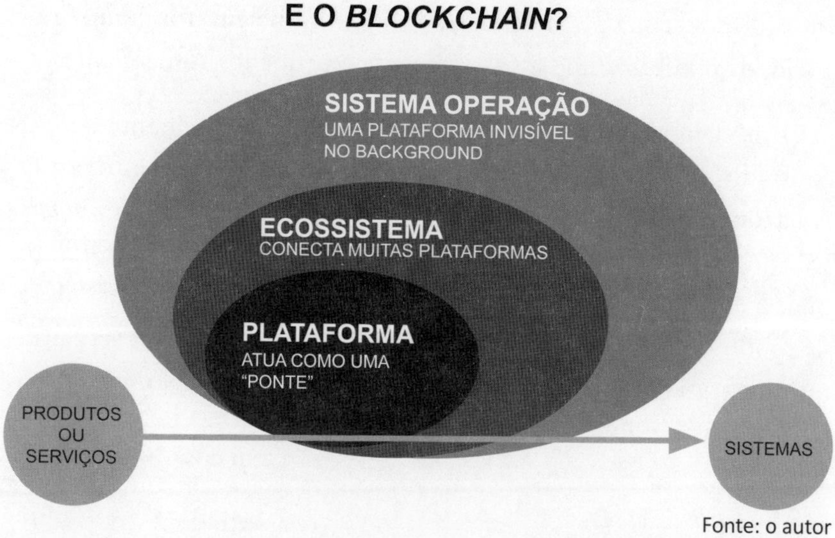

Fig.28 - Os modelos de operação no digital

A Magalu é um exemplo de empresa que está sabendo aproveitar muito bem essas transformações que o mundo digital oferece. A varejista, fundada em 1957, em Franca, interior de São Paulo, é considerada hoje uma empresa *tech*. Ela começou criando a sua plataforma digital, para comercializar os produtos de suas lojas físicas. Através de parcerias ou aquisições parciais ou totais de empresas, foi diversificando o seu portfólio no varejo, abrigando lojas online como a Netshoes, a Zattini e a Época Cosméticos, entre muitas outras. Percebeu ainda oportunidades para crescer em outros ecossistemas, como o de serviços financeiros. Criou vários produtos, como o Magalupay, a Magalu Pagamentos e o Consórcio Magalu. Logo expandiu também a sua atuação para o ecossistema de educação, ofertando cursos de *e-commerce*, na ComSchool, e para o ecossistema de logística, comprando empresas como a Logbee e a GFL.

Como resultado, a Magalu se tornou um grande sistema de operação, conectando diferentes ecossistemas e plataformas, e já começa a utilizar a tecnologia *blockchain*. Durante a pandemia do covid-19, transformou a sua plataforma de vendas online em um grande negócio, disponibilizando a sua estrutura a pequenos comerciantes.

O modelo seguido pela Magalu no digital é semelhante ao encontrado em outras grandes empresas, como a norte-americana Amazon e o grupo chinês Alibaba. Este último, além do *e-commerce*, atua em serviços, marketing, mídia e entretenimento. Quanto mais a empresa avança na sua maturidade digital, mais sai da visão de produto para a de um sistema maior. O produto ainda será útil, mas entregue dentro de um pacote muito mais amplo e atrativo para o consumidor.

AS ALIANÇAS E PARCERIAS ESTRATÉGICAS

Uma excelente forma de se acelerar a entrada de uma organização em um novo mercado é por meio da formação de alianças e parcerias estratégicas. Diferentemente do que aprendemos, essas alianças também são derivadas de acordos comerciais ou aquisições parciais de outras empresas ou *startups*. Porém, utilizando uma lógica de abundância, que traga um ganha-ganha para todos os envolvidos, em que cada um possa entregar ao outro aquilo que ainda não possui e demoraria muito tempo para desenvolver.

Essas alianças podem se dar entre empresas de diferentes portes, que competem entre si ou que não têm qualquer relação aparente. Esse é um tema no qual tenho experimentado grandes aprendizados. Na escola formal de executivos, aprendemos que uma empresa poderia crescer através de aquisições ou do *greenfield*, o começar do zero, comprando máquinas e ir evoluindo naturalmente. A lógica predominante era a da escassez, ou seja, a minha empresa teria que ser a melhor ou a maior, o meu diferencial estava no *core business* e eu não podia compartilhar muitas informações, andava praticamente sozinho.

Se formos analisar os segmentos mais avançados, em termos de disrupção, é praticamente impossível acompanhar as evoluções, com esses velhos paradigmas que carregamos durante muito tempo. Por isso, a importância de nos reinventarmos como executivos, para começar a ver um fornecedor, por exemplo, como um grande parceiro estratégico.

É necessário virar a chave para a lógica da abundância, o que nos permite derivar muito mais o segmento de atuação da empresa, ampliando as possibilidades de negócios. Precisamos revisitar os conceitos sobre como a empresa pode crescer, incorporando a lógica das plataformas, dos ecossistemas e sistemas de operação. O foco deixou de estar no produto a, b ou c, e no serviço d, e ou f.

As conexões com *startups* podem ser um grande passo para começar a revisitar a mentalidade sobre parcerias estratégicas. Elas permitem que a empresa alcance o mercado mais rapidamente, com uma solução diferente. Por isso, a importância de não usarmos os critérios usuais na avaliação de uma *startup* para compra ou investimento, uma vez que muitas delas apresentam uma previsão de crescimento exponencial de receita, mas ainda não estão entregando resultados.

Tome-se o exemplo da *startup* Nubank, o banco digital fundado em 2013 e que registrou o primeiro lucro líquido anual de sua história apenas em 2021. Mesmo assim, teve um crescimento meteórico na sua base de clientes, que alcançou quase 54 milhões de pessoas no Brasil, México e Colômbia. A sua estreia na Bolsa de Nova York, em dezembro de 2021, tornou-lhe, naquele momento, o banco mais valioso da América Latina, atingindo um valor de mercado de cerca de R$230 bilhões.

O exemplo do Nubank mostra que uma *startup* precisa ser avaliada em relação ao potencial que ela tem de fazer a sua empresa alcançar um mercado em que ninguém chegou, e também a escalabilidade, em função da tecnologia que desenvolve. Já passei por situações de ter que aprovar um investimento, de milhões de reais, em uma *startup* que não respondia pela metade das nossas questões tradicionais de avaliação. Mas ela acelerou a nossa entrada em um mercado, vinha com uma tecnologia que levaríamos muito tempo para desenvolver, se revelando um excelente negócio.

Não existe uma receita de como colocar dinheiro em parcerias que não trazem a mesma segurança do que aprendemos em termos de aquisições no passado. Precisamos aceitar que é um negócio diferente e abrir espaço na empresa para que elas avancem. A mudança está na nossa mentalidade.

Posso citar inúmeros casos de parcerias e alianças estratégias diferenciadas, que estão surgindo neste mundo digital, algumas impensáveis até bem pouco tempo. Volto mais uma vez a dar um exemplo que envolve a Magalu, agora numa aliança estratégica entre o Magalupay e o McDonalds. Para alavancar a sua conta digital, a Magalupay ofereceu um *cashback* de R$10 para quem fizesse compras superiores a R$30 em lanches do McDonalds. Enquanto a Magalu promovia a sua conta digital, o McDonalds aumentava suas vendas.

Outra parceria interessante é a da Tim, empresa de telecomunicações, com a Kroton, instituição de ensino, para a oferta de cursos EAD[50] no celular. Enquanto a Tim ampliou a sua oferta de serviços para a sua base de clientes, a Kroton disponibilizava a sua plataforma de cursos, aumentando a sua capilaridade. Teria outros exemplos para citar, mas o importante é entender a lógica que está por trás dessas novas parcerias. É uma nova forma de pensar, de

50. Ensino a Distância.

ganha-ganha, e não de escassez, que acelera a escalada dessas plataformas e a geração de resultados.

Uma preocupação que pode surgir é como administrar essas iniciativas, que envolvem organizações e negócios tão diferenciados. Antigamente, quando se fazia a aquisição de uma empresa, que possuía outra cultura ou que estava em outra região, a integração dos negócios não era uma tarefa fácil. O que eu tenho observado nessas empresas — que estão acelerando o processo de plataformas, novos modelos de negócios e ecossistemas — é que não existe uma preocupação muito grande em se criar uma cultura única. Na verdade, continua fortalecendo a cultura que cada empresa carrega, seja adquirida ou gerada pelo acordo comercial.

Eu não perco mais tempo tentando criar uma cultura única, apenas valorizo o que elas trazem. Inclusive, quando se adquire uma participação em uma *startup*, existe um limite de interferência recomendado, dependendo do modelo de investimento dela, para que não se perca o ímpeto do empreendedor. Sabemos que o que acelera o crescimento de uma *startup* é o seu empreendedorismo, a ausência de muitos controles. A ideia é que essa participação seja pequena, entregue a mentoria e ajude a dar escalabilidade, mas deixe os seus empreendedores voarem.

Essa é uma questão bastante importante. Quem já trabalhou em uma multinacional sofreu na pele a tentativa de a matriz tentar padronizar e dizer como os processos e sistemas têm que funcionar. Nem sempre isso dá certo; por isso, o melhor é deixar o empreendedor da *startup* ter a mentalidade de startup, a ajuda acontece aos poucos e a transição se dá ao seu tempo.

QUADRO PARA REFLEXÃO — OS ECOSSISTEMAS E A LÓGICA DA ABUNDÂNCIA X LÓGICA DA ESCASSEZ

Embora a lógica da escassez ainda esteja bastante viva em muitas organizações, precisamos virar a chave e substituí-la pela da abundância. Todos os exemplos mencionados neste capítulo, como os avanços dos institutos UniTEA e Hélice, os novos modelos de parcerias e alianças estratégicas entre empresas, nada seria possível sob a lógica da escassez.

Depois que você mergulha no universo digital, no trabalho coletivo, em redes, tudo começa a fazer muito sentido sob a lógica da abundância. Há recursos para todos e a confiança mútua levará ao crescimento conjunto. É uma mudança de mentalidade transformadora.

ABUNDÂNCIA	ESCASSEZ
Há recursos para todos	Os recursos são limitados
Troco o medo por confiança	Tenho medo de não ser o melhor
Paro de estocar recursos	A competição me leva a estocar recursos
Disponibilizo os meus recursos para quem precisar	Com recursos acumulados, restrinjo a sua circulação
Se precisar, uso recursos dos outros	Estado permanente de "vai faltar"
Com abundância, aumenta a confiança e o sistema cresce	Se estabelece um ciclo infinito de escassez

Fig.29 - As diferentes mentalidades (Fonte: o autor)

CONCLUSÃO

AS RECOMPENSAS E O QUE VEM PELA FRENTE

Ao longo dos últimos anos, mais do que oferecer respostas, aprendi a fazer as perguntas corretas — e foram muitas. Além de eu exercitar a minha curiosidade nata, precisei me despir do meu ego e de vaidades, admitir que não sabia muitas coisas, ou que deveria revisitar muito do que acreditava saber. Comecei a desvendar o que é este mundo digital, que transformação é essa que ele está exigindo de nós, líderes e organizações. Foi — e está sendo — uma jornada de muitas descobertas e aprendizados.

Estou me reinventando como líder, ajudando a transformar as organizações onde eu atuo e impactando o meu ecossistema. As experiências têm sido fantásticas. Trocar as certezas, acumuladas em quase trinta anos de vida profissional, pela vulnerabilidade, é algo libertador

— e me aproximou muito mais das equipes. Voltei a ser um aprendiz, como no início da minha carreira.

Aprendi que inspirar e influenciar pessoas e movimentos exige menos esforços do que comandar e controlar. Abandonei muitas reuniões estafantes, de cobranças, e tenho me dedicado mais às pessoas e ao seu desenvolvimento. E, o melhor de tudo, sobra mais tempo para mim; consigo ser mais produtivo no trabalho e levar uma vida mais leve, me doar mais à família e desenvolver outros projetos pessoais — este livro, inclusive.

Quando renunciamos ao poder, à hierarquia, ao comando e ao controle, começamos a criar um ambiente de maior confiança e de maior segurança — o que é muito mais produtivo. O resultado não deixa de aparecer e, muitas vezes, é superior, com pessoas mais felizes. E mesmo que fosse igual já estaria valendo, porque é com menos sofrimento. Eu acredito que o mundo do trabalho pode ser muito melhor, mais divertido e prazeroso.

A minha métrica de sucesso para um dia de trabalho é conseguir ajudar a empresa e sair descansado. No modelo antigo, isso pode parecer um paradoxo para nós, líderes. Uma dedicação de 12h a 15h diárias ao trabalho, saindo exausto, era visto como um sinal de que a jornada tinha valido a pena. Por muito tempo eu acreditei que trabalhar mais horas era entregar mais do que era demandado. Acabei me dando conta que é como uma dissertação de mestrado — sempre nos estendemos, querendo desenvolver a mais brilhante, mas chega uma hora em que precisamos colocar um ponto final. Na sequência, outras teses virão.

O meu primeiro líder na Randoncorp, Jaime Vergani, em meados dos anos 2000, já me alertava para fazer o meu trabalho, no meu horário, pois eu teria o dia seguinte para fazer o restante. Como executivos, acabamos nos maltratando demais. Vergani já fazia o que faço hoje, administrava o tempo dele e as demandas dentro do possível. Hoje eu consigo ver benefícios em ter uma vida mais equilibrada, um trabalho mais prazeroso e que acaba trazendo mais resultados para as empresas.

Da mesma forma que as métricas de sucesso dos executivos estão sendo reavaliadas, as das organizações também deixam de ser apenas as financeiras. Era bastante comum se medir o destaque de uma empresa pelo seu avanço em faturamento, lucro ou número de funcionários. Esses indicadores continuam sendo importantes, mas precisamos considerar também a sustentabilidade do negócio e o impacto que ele provoca junto a todos os seus *stakeholders*. Não se está pregando o abandono do lucro, mas que esteja associado a um propósito maior, explicitado pelas organizações. Por isso falamos da importância das empresas humanizadas e dos CEOs ativistas.

OS TALENTOS CONTRATARÃO AS EMPRESAS

Nas novas organizações de trabalho, é o propósito que vai conectar as pessoas. Essa deve ser uma questão estratégica para as empresas, que precisam atrair e formar as suas futuras lideranças. Arrisco a dizer que são os talentos que irão contratar as empresas, invertendo a lógica atual. Com formas de pensar e agir diferentes, as novas gerações não se contentarão mais com salários gordos e alguns benefícios corporativos, elas irão se engajar a empresas que tiverem propósitos comuns aos seus — que podem estar relacionados a questões como diversidade, igualdade social ou preservação ambiental.

Alguns talentos também podem escolher as suas lideranças, recusando oportunidades de promoção simplesmente por não quererem se submeter a determinado estilo de gestão. As pessoas estão revisitando os seus valores e os seus conceitos de felicidade. O salário oferecido não garante mais a manutenção da equipe em um projeto.

Acredito também que, no futuro, os propósitos levarão as pessoas a se conectarem a mais de uma empresa ao mesmo tempo. Tempos atrás, fiz essa provocação na empresa onde trabalho, questionando por que apenas ela deveria pagar o meu salário, quando tenho condições de ajudar a ela e a outras organizações. A minha mentalidade já está moldada para participar de processos de transformação que não se restringem a um lugar. Essa é uma das causas que eu acredito, como a causa da inovação e a do autismo. São questões importantes, que merecem uma reflexão profunda por parte das empresas.

O recente fenômeno *The Great Resignation*[51], observado primeiro nos Estados Unidos, também nos faz pensar. São milhões de pessoas ao redor do mundo pedindo demissão de seus empregos no pós-pandemia. Apenas em seis meses de 2021, mais de 24 milhões de trabalhadores norte-americanos abandonaram os seus empregos[52]. Eles simplesmente não retornaram aos postos de trabalho que ocupavam antes da pandemia. Situações semelhantes foram registradas em outras nações ricas, como Alemanha e Japão. E o paradoxo é que os índices de desemprego sobem globalmente.

As pessoas não retornaram ao trabalho por questões de segurança, ou porque entenderam que poderiam continuar em *home office*, ou porque estão repensando a sua forma de viver, depois de assistirem a tantas mortes pelo covid-19. O fato é que a pandemia acelerou as reflexões sobre as formas de trabalho futuras. No caso do trabalho remoto, mostrou que ele é possível e, ao contrário de muitas crenças anteriores, provou ser muito mais produtivo, com raras

---

51. "A Grande Renúncia", em português, é um termo criado pelo professor de gestão da Mays Business School, da Texas A&M University, Anthony Klotz, para os números recordes de pedidos de demissão nos Estados Unidos.
52. WAN, Allen *et al.* Por que funcionários em todo mundo estão pedindo demissão em ritmo recorde. *Revista Exame*, 2022. Disponível em <https://exame.com/revista-exame/a-grande-demissao/>. Acesso em: 27 jan. 2022.

exceções. As empresas agora terão de considerar as suas experiências durante a pandemia e readequar as suas operações, seja mantendo algumas atividades em *home office* ou desenvolvendo modelos híbridos. O que não podem fazer é ignorar o que aconteceu e querer repetir exatamente o modelo pré-pandemia.

SEJA RESILIENTE E BUSQUE CONEXÕES

Em processos de mudança, não existe o certo ou o errado, mas o que funciona ou não funciona para cada um, de acordo com o seu contexto. No meu caso, o que funcionou, antes de tudo, foi liderar a minha própria mudança. É a minha reinvenção como líder, ainda em curso, que me abasteceu com novas competências e estratégias, que estão me possibilitando navegar neste oceano de mudanças.

O futurista Tiago Mattos, um dos grandes inspiradores desse meu processo de transformação, diz que não tem como trabalhar e olhar o futuro com as ferramentas e perspectivas do presente usando o viés do passado. "Quem não pensa sobre o futuro resolve o presente com as ferramentas do passado", alerta Mattos.

Não é uma jornada fácil, mas é perfeitamente possível. É isso que eu tentei compartilhar aqui, a história de um executivo comum, que aprendeu e operou por décadas em um modelo tradicional de comando e controle, em estruturas hierárquicas e competitivas. E que, hoje, está conseguindo impactar positivamente este mundo digital.

O segredo, antes de tudo, é ter muita resiliência. Em qualquer transformação e experimentação, a turma do contra é sempre muito forte. Eu já me abalei muito com algumas críticas que recebi nesta minha caminhada, os resistentes à mudança costumam ser perversos. Tenha em mente que, se o seu propósito é verdadeiro, a dica é desenvolver uma escuta seletiva e deixar que falem. Se você se preocupar com toda as resistências, vai acontecer o que a turma do contra quer que aconteça — nada.

Outra questão bastante importante, nestes meus conselhos finais, é: não queira fazer nada sozinho. Os processos de transformação são complexos, exigem muitas cabeças para pensar e agir. Identifique os seus primeiros seguidores, busque conexões e siga em frente.

DEIXE UM LEGADO

Quando falo em legado não me refiro a números conquistados, receitas ou lucros recordes — que certamente ficarão na história das organizações. O seu grande legado estará no impacto sobre as pessoas. De acordo com a cultura mexicana, as pessoas morrem três vezes. A primeira, quando passam a ter a consciência de que um dia morrerão, pois há uma parte da vida em que pensamos ser eternos. A segunda morte é a física, quando passamos para um outro plano. Já a terceira morte é quando ninguém mais lembrar do nosso nome ou do que fizemos na vida.

A minha intenção é postergar ao máximo essa terceira morte. Gostaria de ser lembrado por ter feito algo inspirador nesta vida; por isso, se eu conseguir evangelizar apenas mais uma pessoa com a causa da transformação e da inovação, já terei feito a diferença. Onde houver um gestor com vontade de resgatar a sua essência, a sua verdadeira liderança, eu quero estar ao lado para poder ajudar. Sei que isso fará a diferença nos nossos negócios, sempre fez; ,as o mundo não era tão exponencial, tão acelerado como hoje.

Quero deixar um legado positivo, como ser humano, como profissional e como pai, principalmente para a Sophia, que me inspirou em toda esta jornada.

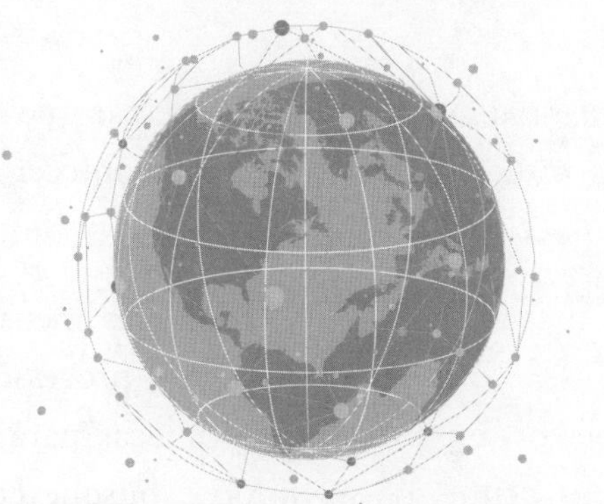

POSFÁCIO

MAR CALMO NÃO FAZ MARINHEIRO BOM

Os últimos anos têm sido pródigos em rupturas e transformações. Essa dinâmica é egressa de uma nova ordem social e, como não poderia ser diferente, impacta frontalmente o mundo empresarial. De forma progressiva e acelerada, todos os atores do ambiente corporativo têm aumentado seu nível de consciência acerca da eminente e mandatória transformação requerida em seus negócios.

No início da consolidação desse processo, pelos idos da primeira década deste século, havia a necessidade de explorar os fundamentos dessa nova ordem, mostrando que, de fato, as mudanças são de fundo estrutural, consistentes e duradouras. Era possível testemunhar muito ceticismo junto a líderes empresariais que entendiam que se tratava mais de um processo de digitalização da economia do que de uma transmutação definitiva de seus negócios.

Por trás desse ceticismo, estava o desejo — muitas vezes silencioso — pela manutenção do status quo e da preservação da confortável condição que empresas tradicionais ocuparam durante décadas ou até mesmo século. Essa nova dinâmica representa uma ameaça inédita na posição dominante de organizações consolidadas nos mais diversos setores da economia. Ninguém sai ileso desse movimento.

Ao longo dos anos recentes, exemplos concretos de novas companhias e soluções que abalaram as estruturas de segmentos tão tradicionais, como financeiro, turismo, mobilidade, entre tantos outros, começaram a despertar a percepção dos incrédulos que não se tratava de uma movimentação efêmera ou cosmética. Impactados — e, por que não dizer, assustados — com os potenciais impactos dessa nova dinâmica para seus projetos, indivíduos substituíram o ceticismo pela desconfiança — e muita insegurança.

Líderes, empreendedores, executivos começaram a perceber, na pele, a diferença entre a digitalização de sua companhia e a forçosa transformação digital, alcunha pela qual ficou conhecido o movimento de adaptação da organização a um mundo digital onde a tecnologia ocupa papel onipresente.

Esse sentimento fez com que fossem valorizadas perspectivas concretas sobre esse tema. Além de todo um arcabouço teórico que começou a ser desenvolvido, surge a demanda pelo conhecimento de histórias palpáveis de empresas que estão trilhando essa transformação.

Essa busca compreende um claro desafio, pois, como se trata de um movimento recente, as não tão abundantes referências ainda estão concentradas em empresas nascentes que, via de regra, já foram criadas digitalmente obedecendo essa nova égide dos negócios (com destaque para as *startups*). E como ficam as empresas tradicionais? Como liderar a transformação em uma empresa já consolidada há décadas, forjada à luz de outra dinâmica de mundo?

Esse processo é ainda mais desafiador em companhias que atuam no setor produtivo. A dinâmica de organizações desse segmento tende a ser mais complexa devido ao maior envolvimento de ativos físicos e complexidade em suas cadeias produtivas. Não à toa, os primeiros exemplos que emergem, ainda que incipientes, são de organizações tradicionais que atuam no segmento de serviços, que têm conseguido dar os primeiros passos concretos na sua transformação digital.

É neste contexto que a minha história e a do Daniel Ely se cruzam. Em minha busca como pesquisador e estudioso das relações corporativas nessa nova economia, fui convidado a apresentar uma palestra em um evento da Randoncorp. Nessa ocasião, tive a oportunidade de conhecer com mais profundidade a jornada de uma vitoriosa companhia quase centenária em sua jornada de transformação. Um raro caso dessa dinâmica no setor produtivo.

Mais do que as conquistas, o que me impressionou foi a consistência de todo processo que envolveu o reconhecimento das fragilidades da companhia, para, a partir daí, construir um novo sistema que permitisse a sua evolução em um ambiente muito mais hostil, imprevisível e incerto do que aquele em que está acostumada a operar.

Um dos principais líderes dessa jornada tem sido o Daniel, cuja transformação pessoal funciona quase como uma metáfora da dinâmica que ele conduz na Randoncorp. Quando conheci sua história de vida e a comovente relação com o diagnóstico de autismo de sua filha, Sophia, foi inevitável me recordar de um texto que escrevi em 2018, no qual comentava sobre o autismo corporativo que acometia as empresas.

Eu defendia a tese de que, absortas em seu próprio universo, essas companhias tinham dificuldade imensa em interagir com o ambiente externo, o que as tornava impermeáveis à mudança. Ao ler o desdobramento desta obra, reconheço que, a despeito de ter acertado no diagnóstico, fui impreciso e incompleto em minhas conclusões.

Estou convicto de que temos muito a aprender com o autismo, sobretudo no que concerne às relações interpessoais. Esse aprendizado pode ser a base, como demonstrado pelo Daniel, para a formação de uma nova ordem que substitui o tradicional modelo de comando e controle para outro baseado na influência e inspiração.

Este projeto de Daniel Ely traz uma contribuição importante não só para o entendimento do atual contexto empresarial neste mundo cada vez mais em ebulição, mas pode ser encarado como um compêndio que relata mais do que os desafios de transformação em uma organização. Seu foco é mostrar o pano de fundo dessa dinâmica que envolve, sobretudo, a transformação pessoal.

Sempre comento que uma empresa é uma abstração jurídica. Trata-se de um sistema composto por pessoas reunidas em prol de um objetivo comum — ou, pelo menos, deveria ser assim. Por trás de um CNPJ, o que existe são dezenas, centenas ou milhares de CPFs que são a essência de qualquer organização formal.

Sendo assim, não é possível explorarmos a temática da transformação organizacional sem orientarmos a análise das pessoas. O projeto de Daniel tem o mérito de cobrir essas duas frentes. Ao mostrar todos os desafios de sua jornada corporativa, apresenta um framework claro de trabalho, um *roadmap* para o processo de transformação de uma empresa. Ao compartilhar, de forma corajosa e comovente, sua jornada pessoal, contribui para o entendimento de como esse processo se sustenta com escolhas pessoais que cabem a cada indivíduo.

Está claro que estamos apenas no início do processo de transformação organizacional. Por mais que a contemporaneidade cause incômodo, é importante nos acostumarmos a conduzir nossos negócios e nossa vida no desconforto de um ambiente cada vez mais imprevisível e incerto. O conhecimento ocupa papel fundamental nesta jornada, nos preparando para entender toda essa complexidade. Esta obra contribui para que você navegue nesses mares desconhecidos, com a coragem de encarar esses desafios e prosperar. Afinal, mar calmo não faz marinheiro bom.

Sandro Magaldi, escritor

ÍNDICE

A

ações estruturantes 133, 145

adaptabilidade 41

alfabetização digital 57, 149

alianças estratégicas 62, 111, 141, 150, 163, 170

ambidestria 57, 75, 91, 97, 122, 137, 147, 163

analytics 56, 68

anomia 65

arquitetura organizacional 88, 142

autismo 29, 43, 154, 178, 184

autoconsciência 51, 58, 132

B

baby boomers 65, 87

bajuladores 60

BANI 23

big data 145

blockchain 22, 168

bobos sábios 60

C

campeões da mudança 102

capitalismo consciente 165

células de inovação 101, 120

ciclo da transformação 109

CNPJ 22, 96, 158, 184

comando e controle 19, 27, 54, 66, 75, 90, 105, 111, 128, 147, 150, 179

competição 61, 89, 114, 158, 174

coopetição 63

CPF 96, 157, 184

cultura 79, 114, 141

D

diversidade 18, 59, 92, 111, 133, 146, 177

E

ecossistemas de inovação 26, 38, 50, 96, 106, 119, 129, 137, 154, 164

empresas humanizadas 166, 177

enlace reflexivo 52

era digital 12, 22, 35, 50, 53, 62, 71, 80, 86, 136, 146

Escada da Inferência 52

estado de fluxo 23

estratégia digital 106, 133, 146

estruturas hierárquicas 84, 93, 142, 179

exonomics 167

F

fintechs 22

FOMO 42

forças propulsoras

forças restritivas 84

fordismo educacional 22, 41

foresight 55, 107, 140, 151

G

gestor GPS 72

I

inclusão 19, 35, 146, 156

inimigos da mudança 101

inovação aberta 122, 159

inovação colaborativa 11, 63, 122, 153

inovação fechada 161

inspirar e influenciar 31, 50, 57, 65, 74, 81, 87, 95, 176

Instituto Hélice 11, 19, 35, 63, 106, 122, 153, 157, 174

inteligência artificial 56, 68, 120, 140, 160

J

JOMO 42

jornada do líder transformacional 11, 26, 58, 131, 164

L

lacuna exponencial 41

líder ambidestro 75

liderança ambidestra 50

líder inspiracional 30, 71

líder transformacional 12, 26, 58, 75, 87, 95, 131, 164

líder Waze 71

lifelong learning 22

lógica da abundância 34, 50, 55, 61, 73, 87, 111, 122, 154, 161, 171

lógica da escassez 50, 55, 61, 87, 111, 150, 155, 174

M

maturidade digital 86, 92, 119, 134, 148, 170

mercado digital 62

microgerenciamento 68, 74

miopia digital 26, 38, 117

modernidade líquida 21

modos de operação 97

modo 1 97

modo 2 97

movimentos incrementais 48

mudança de cultura 24, 80, 118, 159, 167

MVP 127

N

narrativa 66, 87, 139, 147

novas tecnologias 25, 41, 56, 74, 94, 136, 145, 158

O

operação em redes distribuídas 92, 111, 150

P

pandemia do covid-19 22, 42, 118, 143, 170, 178

pilares estratégicos 133

plataformas digitais 133, 141, 148, 167

processo de transformação 27, 33, 43, 57, 64, 76, 87, 96, 119, 147, 155

propósito no centro 110, 154, 165

R

Randoncorp 17, 36, 82, 115, 123, 158, 176, 183

Prattville, Estados Unidos 29

Rosário, Argentina 30

Serra Gaúcha, Brasil 34, 122

Vale do Silício, Estados Unidos 38, 49, 108

resgate da essência da liderança 26, 76, 88, 95, 143

roadmap 131, 138, 184

S

saltos quânticos 26, 30, 48

sincericídio 61

Singularity University 39, 101, 167

sistemas de operação 168, 171

stakeholders 165, 177

startups 38, 55, 96, 119

conexões com startups 96, 120, 133, 150, 159

storytelling 65

T

transformação cultural 25, 35, 79, 87, 99, 103, 113, 129, 136

transformação digital 24, 79, 96, 103, 120, 127, 136, 182

transformação organizacional 184

transformação pessoal 39, 183

tríade transformacional 58, 87

U

UniTEA 11, 19, 34, 63, 154, 174

V

venture capital 55

VUCA 23

vulnerabilidade 59, 60, 175

Z

zoom in 108, 140, 149

zoom out 108, 140, 149

Este livro foi impresso nas oficinas gráficas da Editora Vozes Ltda.,
Rua Frei Luís, 100 – Petrópolis, RJ.